世界历史穿越报

SHIJIE LISHI CHUAN YUE BAO

用有趣的文字
讲真实的历史

希腊的荣光

彭凡 / 著

全国百佳图书出版单位
化学工业出版社
·北京·

图书在版编目（CIP）数据

世界历史穿越报. 希腊的荣光 / 彭凡著. —北京：化学工业出版社，2021.9（2025.1重印）
ISBN 978-7-122-39334-0

Ⅰ. ①世… Ⅱ. ①彭… Ⅲ. ①世界史-儿童读物 Ⅳ. ①K109

中国版本图书馆CIP数据核字（2021）第113202号

责任编辑：孙　炜　　　　　　　文字编辑：朱庆婕　刘　璐　贾全胜
责任校对：边　涛　　　　　　　装帧设计：尹琳琳

出版发行：化学工业出版社（北京市东城区青年湖南街13号　邮政编码100011）
印　　装：北京宝隆世纪印刷有限公司
710mm×1000mm　1/16　印张12　2025年1月北京第1版第5次印刷

购书咨询：010-64518888　　　　　　　　售后服务：010-64518899
网　　址：http://www.cip.com.cn
凡购买本书，如有缺损质量问题，本社销售中心负责调换。

定　　价：39.80元　　　　　　　　　　　　　　　版权所有　违者必究

世界历史穿越报

·希腊的荣光·

前 言

　　每个民族，都有自己的过去。

　　每个国家，都有自己的历史。

　　那么，那些跟我们不同肤色、不同语言的人们，他们又是从哪里来的呢？

　　他们会不会和我们一样，也有自己的黄河母亲？

　　他们是怎么学会说话和写字的？

　　他们也爱吃米饭跟馒头吗？

　　他们也穿丝绸做的衣裳吗？

　　他们也有皇帝吗？他们的皇帝跟我们的皇帝一样拥有至高无上的权力吗？

　　他们创造过哪些了不起的成就和辉煌呢？

　　也许，他们有很多跟我们一样的地方，但他们一定也有很多跟我们不一样的地方。

　　为了搞清楚这些问题，我们报社的工作人员全体出动，乘坐时光机，穿越遥远的时空，去探访世界各地的人们曾经是怎么生活的，去见证在他们身上发生过哪些波澜壮阔的事情。

　　我们将采访到的一切，都刊登在《世界历史穿越报》中。我们将报纸做成一个合订本，每册有10~12期。这套《世界历史穿越报》一共有十个合订本，分别记录了我们在不同时空、不同国家的所见所闻。

　　每一期报刊都是我们冒着生命危险，辛苦采访和探寻的结晶，相信里面精彩的栏目和内容一定会让你大饱眼福——

　　"世界风云"是主打栏目。这里刊登的全是世界大事，譬如国家的诞生、战争与荣耀，以及帝王的生平事迹，等等。

　　"自由广场"是一个有趣的栏目。这里刊登了我们在各个时空的酒吧中搜集的各种奇奇怪怪的言论。你会发现，古人和今人一样，也喜欢聚在一起讨论各种八卦新闻呢。

　　"奇幻漂流"是我们专门为历史人物设立的一个来信栏目。他们遇到疑惑和烦恼，会给报社来信，我们有专业的编辑贴心为他们解答疑惑，抚慰他们的心灵。

　　"名人来了"是一个采访栏目。我们派出报社最八卦、最大胆的记者越越，去采访当时最杰出、最有争议的名人，挖掘他们的内心世界，将他们最真实的一面展现给大家。

　　另外，我们还有"智慧森林""嘻哈乐园""广告贴吧"等栏目，为大家展现当时最先进的科学技术、最时髦的文化潮流，以及一些五花八门的广告、漫画等，一定让你目不暇接，忍俊不禁。

　　最后，我们希望读者们能够通过这套报刊，学到知识，认识世界，成为一个视野开阔、见识广博的人。

目 录

第❶期　有这么一座岛

【顺风快讯】	那一片美丽的星辰大海	2
【世界风云】	世界上最富有最快乐的岛	3
	谜一样的王宫	5
	爱琴海换了新主人	7
	一架木马毁了一座城	9
【奇幻漂流】	一场因绝世美女引发的战争	11
【自由广场】	当心迈锡尼人的礼物	12
【娱乐八卦】	王子为民除害，父亲为儿投海	13
【名人来了】	特约嘉宾：某祭司	14
【广告贴吧】	寻卡玛斯陶瓶	16
	海外贸易诚意邀请	16
	请节约石头	16
	长期招聘出海水手	16

第❷期　黑暗与黎明

【顺风快讯】	饥荒来了，多利安人也来了	18
【世界风云】	新的城邦，新的生活	19
	斯巴达男人，流血不流泪	21
【自由广场】	偷窃是种光荣？	25
【奇幻漂流】	我们可以反抗吗？	26
【名人来了】	特约嘉宾：荷马	27
【广告贴吧】	家有黑牛，娶妻不愁	29
	请使用猫头鹰银币	29
	请使用铁币	29
	希腊人要懂希腊语	29

第❸期　奥林匹克的桂冠

【顺风快讯】	第一届奥运会隆重举行	31
【世界风云】	第一个奥运冠军是厨师	32
	冠军比国王更风光	34
	比赛第一，战争靠后	35
【奇幻漂流】	奥运会是男人的专利？	37
【自由广场】	比赛要穿衣服吗？	38
【娱乐八卦】	关于奥运会的三个故事	39
【名人来了】	特约嘉宾：米隆	41
【广告贴吧】	奥运会注意事项	43
	作弊就要严惩	43
	选出圣火传递员	43
【智者为王】	智者为王第1关	44

第❹期　雅典的穷人和富人

【顺风快讯】	雅典乱糟糟，有钱人不敢出门	46
【世界风云】	只有死刑的《德拉古法典》	47
	为平民说话的贵族	49
	受人尊敬的"僭主"	51
	拥有神奇力量的陶片	52
【自由广场】	民主是个什么样儿	54
【奇幻漂流】	去斯巴达还是去雅典	55
【智慧森林】	会赚钱的哲学家	56
【名人来了】	特约嘉宾：伊索	57
【广告贴吧】	关于扶持手工业及农业的通知	59
	我们不生产水，我们只是水的搬运工	59
	共建卫城美好家园	59
	名师讲课公告	59

第❺期　为自由而战

【顺风快讯】	蚂蚁斗大象	61
【自由广场】	战争要开始了	62
【世界风云】	为自由，水土不可抛	63
	以少胜多，马拉松传捷报	65
【奇幻漂流】	斯巴达为何不出兵相救？	67
【名人来了】	特约嘉宾：米太亚德	68
【广告贴吧】	强烈谴责希皮亚斯	70
	重金招聘造船工	70
	处罚公告	70

第❻期　胜利属于全希腊

【顺风快讯】	危险！波斯又来了！	72
【世界风云】	斯巴达三百勇士，血战温泉关	73
	雅典的"空城计"	77
	请敌人来帮忙	78
	萨拉米斯海湾，一个奇迹诞生的地方	79
【奇幻漂流】	活着比死了更难受	81
【自由广场】	野兔与猎狗	82
【名人来了】	特约嘉宾：特米斯托克利	83
【广告贴吧】	写在墓碑上的话	85
	感谢特洛真城邦	85
	100天，让你迅速成为辩论家	85
【智者为王】	智者为王第2关	86

第❼期 雅典人的黄金时代

【顺风快讯】	雅典执政官竟是斯巴达的粉丝 ………………………………… 88
【世界风云】	从未被放逐的执政官 …………………………………………… 89
	最美的雕像，最伟大的雕刻家 ……………………………… 93
	爱看戏的雅典人 ………………………………………………… 96
【自由广场】	三个写悲剧的大师 ……………………………………………… 97
【奇幻漂流】	雅典将陷入战争的陷阱 ……………………………………… 98
【名人来了】	特约嘉宾：伯利克里 ………………………………………… 99
【广告贴吧】	关于调整贡金的通知 ………………………………………… 101
	收购《掷铁饼者》……………………………………………… 101
	宙斯神庙修建工程正式启动 ………………………………… 101

第❽期 两个冤家

【顺风快讯】	希腊人打成一团 ……………………………………………… 103
【世界风云】	瘟疫！瘟疫！瘟疫！ ………………………………………… 104
	陶片放逐法被废除了 ………………………………………… 105
	西西里惨败，怪月亮? ……………………………………… 108
【自由广场】	死人比活人还重要 …………………………………………… 110
【奇幻漂流】	没有永远的朋友，只有永远的利益 ……………………… 111
【名人来了】	特约嘉宾：亚西比德 ………………………………………… 112
【广告贴吧】	希罗多德出《历史》了 ……………………………………… 114
	感谢希波克拉底医生 ………………………………………… 114
	求制陶工作一份 ……………………………………………… 114

第❾期 三个哲学家

【顺风快讯】苏格拉底被判处死刑 …… 116
【自由广场】死是为了维护法律的威严 …… 117
【绝密档案】苏格拉底,智慧的"催生婆" …… 118
【奇幻漂流】回雅典,还是去斯巴达 …… 121
【世界风云】不懂几何,这个学院进不了 …… 122
　　　　　 一部行走的百科全书 …… 124
【娱乐八卦】大哲学家怕老婆 …… 127
　　　　　 谁画得更逼真 …… 128
【名人来了】特约嘉宾:柏拉图 …… 129
【广告贴吧】回忆苏格拉底 …… 131
　　　　　 谁与我一同去柏拉图学院 …… 131
　　　　　 征集各类古怪动物 …… 131
【智者为王】智者为王第3关 …… 132

第❿期 一匹"黑马"

【顺风快讯】斯巴达败给了底比斯 …… 134
【世界风云】走向强盛的马其顿 …… 135
　　　　　 一个结巴的演说家 …… 137
　　　　　 小王子驯马 …… 141
【自由广场】把战争引向东方吧 …… 142
【奇幻漂流】王子地位岌岌可危,怎么办? …… 143
【名人来了】特约嘉宾:腓力二世 …… 144
【广告贴吧】士兵须自驮粮食 …… 146
　　　　　 取消观剧津贴 …… 146
　　　　　 打倒腓力 …… 146

第 ⑪ 期　征服世界的少年

【顺风快讯】	比父亲更厉害的"小孩"	148
【世界风云】	我愿成为第欧根尼	149
	解开戈尔迪之结的人	150
	我要的是全世界	151
【奇幻漂流】	把世界当成家乡	153
【自由广场】	真正的世界之王	154
【娱乐八卦】	管好你的榔头	156
【名人来了】	特约嘉宾：亚历山大大帝	157
【广告贴吧】	急招大象护理员	159
	纪念我的战友——布西法尔	159
	世界那么大，一起去看看	159

第 ⑫ 期　衰落与兴盛

【顺风快讯】	帝国分裂，三国鼎立	161
【奇幻漂流】	不是希腊人，胜似希腊人	163
【世界风云】	国王也没有捷径	164
	可怕的猎人	166
	放下屠刀，立地成佛	167
【自由广场】	老虎变成了兔子	169
【智慧森林】	不朽的史诗《摩诃婆罗多》	170
【娱乐八卦】	买小鸟的人	172
【名人来了】	特约嘉宾：阿基米德	173
【广告贴吧】	诚招希腊语老师	175
	欢迎购买《数沙者》	175
	印塞罢兵协议	175
【智者为王】	智者为王第 4 关	176

【智者为王答案】 177

【世界历史大事年表】 179

第1期

【公元前 2500 年—公元前 1200 年】

有这么一座岛

穿越必读

很多人以为，古希腊是一个国家，其实不是，它是一个地区的称谓。古希腊文明是西方文明最重要和直接的源头之一。西方所有有记载的文学、科技、艺术都是从古希腊开始的。那么，最早的古希腊文明是什么样子呢？

顺风快讯

那一片美丽的星辰大海
——来自爱琴海的快讯

（本报讯）在地中海的东北部，有一片蓝色的大海湾，叫爱琴海。因为有着像星星一样多的岛屿，所以，它还有一个名字，叫多岛海。

这里有着漫长而曲折的海岸线，既没有冰雪寒冬，也没有烈日酷暑，气候十分宜人。

有人说爱琴海是一个池塘，而生活在那里的人们，就像一只只青蛙。他们在这些岛上，建立了一个个独立的城邦，就像生活在陆地上的城镇一般，但每次出去捕鱼，或者去拜访周围岛屿的邻居时，又都得乘坐船只。乘船对于他们来讲，就像吃饭一样自然。

站在这里的任何一个山顶，都会看到这样一种情景：蔚蓝的海面上，一只只挂着风帆的小船，像一条条长了翅膀的鱼儿，在群岛间欢快地穿行着……那画面，实在是美不胜收。

这片美丽的大海会给大家带来什么样的故事呢？

来自爱琴海的快讯！

世界风云

世界上最富有最快乐的岛

爱琴海上最大的岛叫克里特岛。和其他海岛一样，岛上没有河流，大部分土地硬得像铁，寸草不生，能存活的只有葡萄和橄榄。可是，生活不光只有葡萄酒和橄榄油，还需要其他的生活必需品。

怎么办？

刚好，爱琴海位于巴比伦、埃及和希腊半岛之间，如果要去希腊，不管是巴比伦人，还是埃及人，都必须经过这里。

于是，聪明的克里特人乘着船只，沿着曲折的海岸，和海边的居民做起了生意——说起来，他们开始做生意的年头，比腓尼基人还要早呢！

慢慢地，克里特人的钱越赚越多，日子也越过越红火。

红火到什么地步呢？

当许多人还穿着兽皮，住在山洞时，克里特人住着大大的石头房子，用着精致的浴盆，洗着舒舒服服的热水澡，甚至还发明了抽水马桶！

除了先进的生活设施外，克里特人还发明了各种各样有趣的娱乐活动，供人们消遣。

其中，最受人欢迎的活动是斗牛和拳击。这些活动，不光是男人可以参加，就连女人也可以参加噢！

世界风云

一般来说,如果一个地方的人既聪明,又富有,还这么会生活,就难免想征服更多的人,拥有更多的地盘;如果身边有这么一个强大的邻居,自己也难免会羡慕和眼红,说不定还会跑过去抢上一把。

但是,这种"如果"在爱琴海是不存在的!

因为克里特人对这种打打杀杀的事情并不感冒,他们最喜欢做的事,是每天摇摇小船,做做生意,画画图,斗斗牛。岛上更是找不到一件武器,就连城墙这种最基本的防御设施也没有!

而其他的希腊人呢,也只是把克里特人当做榜样,认认真真向他们学习造宫殿、做小船,也没起过什么歪心思。

在这和谐、友好的氛围里,爱琴海上处处洋溢着欢歌笑语。

几乎每个去过克里特岛的人都说,那里可真是人间天堂呢!

谜一样的王宫

克里特岛上有一个地标性的建筑,那就是——克诺索斯王宫。据说是爱琴海的统治者米诺斯国王修建的。

克诺索斯王宫建于公元前1700年左右,坐落在一座小山坡上。整个宫殿大概有两万多平方米(差不多有三个正规足球场那么大),大大小小的房间有1500多间,除了国王的宝殿、王后的寝宫,还有楼房、地下室、仓库等。

宫中通道交错,犹如迂回流转的河水,一会儿顺流,一会儿逆流,一会儿又回到原点,像一座巨大的迷宫。如果你不熟悉的话,就很容易迷路——据说连王宫的建造者自己走进去,都几乎找不到出口呢!

宫殿的墙壁上,有许多漂亮的图画和雕刻,有的画着人身牛头的怪物,那是传说中的牛怪;还有的画着国王、贵族男子和一些贵妇小姐。这些人物画得自然优美,栩栩如生。

除此以外,在一些器具以及印章上,还刻有他们的文字。这种文字构成十分奇怪,由曲

世界风云

线构成,据说一般人都看不懂(即线形文字,迄今无人能懂)。

为什么要建这么一座迷宫呢?人们说法不一,有的说,是因为王后生了个牛面人身的怪胎,为了不让他跑出去丢人现眼;也有的说,是因为国王生性残暴,树敌众多,防止刺客入侵。

到底是什么原因呢?小编也不清楚,只能在这友情提示大家:探秘有风险,入宫需谨慎!

爱琴海换了新主人

在克里特岛的北方，有一个叫希腊的半岛。那里的人们也建立了许多小国，其中最大的国家就是迈锡尼。

迈锡尼人原本像野兽一样粗鲁，没有什么文化，见克里特人日子过得红火，便前来取经学习。克里特人做什么，就跟着做什么，慢慢地，也学会了很多本领。

公元前1400年，克里特文明莫名其妙地消失了。人们都说，是迈锡尼人做的坏事（也有人说是因为地震）。他们驾着克里特人没有的东西——两匹马拉的战车，毁掉了克里特岛上一切美好的东西，成了爱琴海的新主人。

为了炫耀自己的战果，迈锡尼人在群山环绕的高岗上，建造了一座雄伟壮丽的城堡。

城堡的每一道城墙都用巨石修建，城门的上方，镶嵌着一对石狮子，威风凛凛地向下俯视着。凡是从此路过的人，看到这对狮子，都会不寒而栗。大家把它叫做"狮子门"。

城堡中有宫殿，有仓库，有作坊，还有水源。国王不仅拥有整座城堡，还占有大量的土地，手下有几百个奴隶。迈锡尼人把他们的国王，当作神一样崇拜。

迈锡尼人不像克里特人那么爱好和平，经常到处抢劫。这群好斗的新主人，会让爱琴海发生什么样的变化呢？

世界风云

一架木马毁了一座城

在爱琴海的东边，有一座叫特洛伊的城邦。这里地处交通要道，山清水秀，土地肥沃，还盛产骏马和美酒。

这么好的地方，好斗的迈锡尼人怎么会放过呢？

公元前1193年，迈锡尼国王阿伽门农纠集希腊各个城邦，组成一支十万人马、一千多条战船的联军，向特洛伊发动了进攻（史称特洛伊战争）。

不过，他们怎么也没料到，这一打，就打了整整九年，却连特洛伊的城门都没攻进去。

打到第十年，一天早上，特洛伊人突然发现——希腊联军的舰队突然扬帆离开了，留在战场上的，是一架奇大无比的木马。

特洛伊人围住木马，搞不清楚这个大家伙到底是干什么用的。

有的主张把它推到海里，有的主张把它烧掉，还有的主张把它当成战利品拉进城里。

这时，一个希腊联军俘虏被押了过来。

俘虏告诉大家："这架木马是希腊人献给雅典娜女神的。他们故意把它留下，是想让你们把它烧了或者丢了，这样就会惹女神发火，惩罚你们！"

"但如果你们把它拉进城，就会得到神的庇护。所以，他们把这架木马做得这样大，是不想让你们把它拉进城里。"

人们相信了俘虏的话，赶紧给木马装上轮子，拉进了城。

世界风云

漫长的战争终于结束了！现在又有了神的保护！特洛伊人兴奋不已，他们笑啊，唱啊，跳啊，美酒喝了一桶又一桶，几乎每个人都喝得醉醺醺的，才回家休息。

他们哪里知道，那个俘虏是希腊人留下的间谍。等到夜深人静时，他偷偷溜到木马旁敲了三下——这是他们约好的暗号。躲在木马里的希腊士兵就一个接一个地走了出来，杀死守城门的士兵。

城门一开，原本佯装离去的希腊联军，立刻像潮水般涌进了特洛伊城。

一眨眼的工夫，特洛伊就落入了希腊联军的手中，哭声、喊声、笑声、打杀声，充斥了整个城市……

可恶的希腊人把特洛伊的财宝洗劫一空，最后一把火，将美丽的特洛伊城烧成了灰烬……

一场因绝世美女引发的战争

编辑老师：

您好！这次战争，虽然我们打赢了，但我们也赢得很辛苦。最近我们听到一个说法，说打这次仗，是为了帮助斯巴达（古希腊的城邦之一）国王抢回他的妻子。

很多人说他的妻子海伦是全希腊最美丽的女子，两人本来相亲相爱，过得十分幸福。可有一年，特洛伊王子帕里斯到斯巴达做客时，对海伦一见钟情，居然把她拐跑了。斯巴达国王恼羞成怒，就请他的哥哥，也就是我们的国王阿伽门农帮他抢回来。

这个故事听起来很浪漫是不是？但我们听到这个，却气不打一处来！就算这个海伦是个天仙，我们数十万战士的性命，难道还不如她一人珍贵吗？为了她，就可以把美丽的特洛伊城毁得如此干净？

迈锡尼的小兵

小兵：

你好！关于这个传闻，我也听说了。究竟是真是假，我也无法判断。据说战争结束后，海伦被斯巴达国王带回了希腊，但也没听说有人见到过她。所以，海伦这个女人到底存不存在，都是个问题。说不定，这只是迈锡尼想对特洛伊发动战争的一个借口、一个幌子罢了。

总之，不管是什么原因，特洛伊城已经被毁，你们也为之付出了沉重的代价。希望这样的惨剧以后不要再发生吧！

自由广场

当心迈锡尼人的礼物

腓尼基商人

唉,我一直以为迈锡尼人是个只会动武的大老粗,没想到他们居然能想出木马计!这招太毒了!以后大家要"当心迈锡尼人的礼物"啊!不要被敌人的伪装欺骗了,让他们钻进了自己的心脏!

我们也是因为国内争斗太厉害,想要大家日子好过一点,才发动战争的。可现在,我们赢了,日子却没有越过越好,反而每况愈下。这是什么原因呢?我一直没有想通。

迈锡尼画工

特洛伊女奴

为什么?答案很清楚!因为你们仗着武力,毁灭了克里特文明,破坏了人们的天堂,又一把火烧掉了特洛伊,这是神给你们的惩罚!

如果是神的惩罚,为什么会先惩罚我们克里特人呢!我们到底做错了什么,要被这样消灭得干干净净?

克里特遗民

古埃及祭司

善恶到头终有报,不是不报,时候未到!那阿伽门农虽然打赢了特洛伊战争,回去后,还不是被他自己的妻子给毒死了?相信我,神一定会惩罚他们的,大家等着吧!

娱乐八卦

王子为民除害，父亲为儿投海
——爱琴海的由来

当你听到"爱琴海"这几个字时，是不是觉得很浪漫呢？其实，爱琴海跟"爱情"一点关系都没有。但关于这个名字，确实有一个动人的传说。

相传，米诺斯国王在位时，曾经在他的迷宫里养了一只牛头人身的怪兽。为了供奉这个牛怪，米诺斯规定，雅典每九年进献七对童男童女，给牛怪当美餐。

到了第三次进贡的日子，雅典的王子不忍心这些孩子去送死，自告奋勇要去杀死牛怪。临行时，他与父王约定，如果这事办成了，就把船上的黑帆挂成白帆，以示平安。

米诺斯的女儿听说雅典王子宁愿一死也要杀死牛怪时，深受感动。为了帮助他战胜牛怪，公主给了他一把魔剑和一个线团。聪明的王子进入王宫前，把线团一端拴在大门上，一端系在自己的身上，找到牛怪，用魔剑一剑刺死了它，然后顺着线，走出了迷宫。遗憾的是，当他带着公主返航时，因为过于兴奋，忘记把白帆给挂起来了。

可怜的国王守在海边，等啊等啊，看到的却是一叶黑帆，以为儿子被牛怪吃掉了，顿时悲痛欲绝，跳海身亡。

国王的名字叫爱琴。为了纪念这位父亲，人们便将他跳入的那片海称为"爱琴海"。

名人来了

特约嘉宾
某祭司
（简称"祭"）

越越
（简称"越"）

> 嘉宾简介：在爱琴海的居民眼里，祭祀是一件神圣的事情。而掌管祭祀的人——祭司，是人们最信任的人，不管他说什么，人们都会相信。今天请到的这位祭司，会带给我们什么样的精彩内容呢？

越：您好！很高兴能认识您。

祭：（含笑）这都是神的旨意。

越：其实不瞒您说，本期我们想请的人是你们的英雄奥德修斯，据说木马计就是他想出来的，太聪明了！可惜没联系上。

祭：想见到他？他可是神的儿子，不是一般人！包括我们的米诺斯国王、阿伽门农国王这些有名气的人，都与神有着很深的渊源。所以，我劝你打消这个念头吧，你是见不到他们的。能请到我，已经算你走运了！

越：那是那是，听说您和许多神都打过交道？

祭：嗯，很多。有海神、火神、阴间之神，还有春神、夏神、秋神、冬神……所以，我才能够呼风唤雨，影响世间万物。

越：吹牛吧？那火山爆发了，让克里特的人连饭都吃不饱，也是你造成的喽？

祭：你可不要瞎说，那都是神的旨意。——小记者，你对我们希腊的神有了解吗？

越：不了解，完全一头雾水，请多指点。

祭：那我先给你普及一下神的常识。希腊有很多神，权力最大的神是天帝，叫宙斯。他比较多情，喜欢谈恋爱，有很多神和英雄都是他的子女。他的武器是雷电，谁要是敢冒犯他，就会被击成焦炭。

越：（咋舌）厉害！

祭：宙斯的太太也就是天后，叫赫拉。天后好嫉妒，最喜欢像孔雀那样美丽的事物。宙斯的妹妹和弟弟也都是神。

越：全家都是神呀？

祭：嗯。你看到天上的太阳了吧？那是天帝的儿子太阳

名人来了

神阿波罗。阿波罗每天早上驾着战车，跨越整个天空，为人间带去光明。对了，他长得很帅，可以说是男神中的男神噢！

越：那有没有女神中的女神呢？

祭：有，而且不止一个。比如智慧女神雅典娜，她是天帝的头被劈开后，从里面蹦出来的。

越：啊，比孙猴子还牛！

祭：孙猴子是谁？

越：（意识到自己失言）是一只从石头里蹦出来的猴子。您继续，继续——

祭：还有爱神维纳斯，她优雅而迷人，却被迫嫁给了又丑又跛的火神。

越：（同情）啊，我以为神都是万能的，原来神连自己的命运都不能主宰啊！

祭：那是当然，神也不能为所欲为。他们跟人一样，会嫉妒，会贪心，会吵架，会干好事，也会干蠢事。特洛伊战争就是三位女神为了抢一个金苹果而引起的。

越：为什么要抢，不能一人发一个吗？

祭：因为那是个有魔力的苹果，上面写着——给最美丽的女神。

越：天啊，这是找架吵的节奏！

祭：所以，她们去找特洛伊王子当裁判。为了得到金苹果，天后赫拉说让王子当国王；智慧女神雅典娜说让他做最聪明的人；爱神维纳斯说让他娶全希腊最美的女子当妻子。——换你，你会选哪个呢？

越：哇，个个都是致命的诱惑啊！我哪个都想要。

祭：你可真贪心！王子把金苹果给了维纳斯。

越：哦，于是维纳斯把已经嫁人的希腊第一美女海伦赐给了他，所以，就爆发特洛伊战争了？

祭：嗯，这一切有神的参与。

越：（想了一下，恍然大悟）啊，我知道了，您一定是迈锡尼的祭司，为了开脱自己的罪责，才编了这么一个神话吧？

祭：（摇摇头）我说了，这一切都是神的安排。好了，既然你不信，那我就此告辞了。（摇着小船，向爱琴海漂去）

广告贴吧

寻卡玛斯陶瓶

本人在观看斗牛时，不小心丢了一个卡玛斯陶瓶，它薄如蛋壳，上面绘制的图案鲜艳而又逼真，我非常喜欢。如有谁捡到了，还请送还给我，不胜感谢。

陶器工坊某学徒

海外贸易诚意邀请

我处长期收购大量精美陶器、橄榄油、葡萄酒和香料，希望广大制造者们能够在下个月商船到达前与我们联系。

埃及及北非商贸联盟

请节约石头

一次便便只用三块石头擦屁屁就好，请大家节约。

古希腊公厕

长期招聘出海水手

你在为收入微薄感到烦恼吗？请加入我们的行列吧！我们的行程遍布地中海沿岸每个角落。只需要投入有限的时间，你就会获得丰厚的报酬！招聘长期有效。

求贤若渴的克里特商船老板

第 2 期

〖公元前12世纪—公元前7世纪〗

黑暗与黎明

穿越必读

迈锡尼文明消失后，古希腊又重新回到落后时期，史称"黑暗时代"。经过数百年的迁移后，各个岛屿上又形成了新的城邦。这些城邦相互依存，相互影响，在历史上散发出独特的光彩。

顺风快讯

饥荒来了，多利安人也来了
—— 来自希腊半岛的快讯

（本报讯）特洛伊战争之后，迈锡尼元气大伤。到了公元前12世纪，迈锡尼又发生了一场大规模的饥荒，颗粒无收。

偏偏这时候，北边的多利安人却打过来了！

这多利安人比迈锡尼人还要强悍。据说每一个多利安人都是战士，而且是从不后退的那一种。

所以，历史总是惊人的相似！就像当初征服克里特人一样，这一次迈锡尼也遭到了多利安人的践踏和蹂躏！

原本宏伟的城堡沦为一座座废墟，饿着肚子的人们，不得不从石头房子搬进了茅草屋和土坯房。海面上，再也看不到希腊人出海的身影；集市上，再也看不到精细的手工艺品；石墙上，再也看不到美丽的壁画……

曾经如太阳般灿烂的希腊半岛，就这样陷入了一片黑暗（史称"黑暗时代"）……

来自希腊半岛的快讯！

新的城邦，新的生活

美丽的家园成了多利安人的地盘。为了生活，希腊人不得不拖家带口，背井离乡，四处寻找适合居住的地方。

到了公元前8世纪，各地又陆陆续续建起了许多新的城邦。到底有多少个呢？具体数字无法确定，但保守估计，应该不少于450个。

这些城邦面积都不大，人口也不多，小的几千人，大的也只有几万或十几万人，典型的"小国寡民"。

其中，最有名的城邦是雅典和斯巴达。

说到雅典，大家应该猜到了，这个名字来自智慧女神雅典娜。

传说，这座城刚刚建立的时候，十分美丽。所以，雅典娜和海神波塞冬都想成为它的保护神。

两人互不相让，又谁也打不过谁，只好请天帝宙斯来裁定。

宙斯说："谁送的礼物最受人类欢迎，新城就属于谁。"

于是，波塞冬送给人们一匹象征胜利的马，雅典娜送给人们一棵象征和平的橄榄树。

最后，人们选择了和平，雅典娜也就成了新城的保护神。之后，人们给这座城市命名为"雅典"，并将橄榄树种在了雅典的各个角落。

城邦的出现，让人们再度看到了曙光。每一个城邦都有一个神，来守护它的平安和繁荣。

世界风云

比如，雅典城的守护神是智慧女神雅典娜，雅典娜的爱鸟是一只猫头鹰——可能你不太喜欢猫头鹰，但是雅典人爱屋及乌，把它刻在银币上，作为雅典的象征。

别看这些城邦小，他们的联系却是非常紧密的。一旦遇到强大的外敌，大家就会联合起来，一致对外。

当然，他们也经常像小孩子一样打打闹闹，今天你打我一拳，明天我还你一脚。虽然摩擦不断，但是他们一块相处了很多年，这是不是一种神奇的相处模式呢？

世界风云

斯巴达男人，流血不流泪

斯巴达位于希腊半岛的南部，是多利安人建造的，原本只是四个小村庄，不久就联合起来，组成了斯巴达城邦。

斯巴达人都是大老粗，他们不喜欢写字，不喜欢画画，唯一的爱好就是打仗。他们的城邦，既看不到城墙，也看不到一座像样的建筑物。他们对美和艺术丝毫不感兴趣。对他们来讲，那些东西没有什么实际用处。

不过，斯巴达拥有肥沃的土地，地盘又是希腊城邦里最大的一个。因此，斯巴达人很担心这个地方被人抢了去。

与别的城邦不同的是，斯巴达有两个国王同时执政，一个负责出征打仗，另一个负责处理国家大事。

公元前700年左右，斯巴达出了一个叫来库古的国王，经常去外地游历学习。

一圈走下来，他发现，凡是只知道享乐的地方，就做不出什么大事；而每天努力做事的地方，就会变得更加强大。

于是，来库古回到斯巴达后，制定了一些新的规则。他认为，只要按照这些规则去做，斯巴达人就会变成如钢铁一样的战士，比世界上任何一个民族都要强大！

斯巴达的孩子一出生，就要去做体检，如果不够健康，不够强壮，就会直接丢到山里喂狼。没有扔掉的，母亲会用烈酒给孩子洗澡，如果受不了，还是说明不够

世界风云

我们要学会勇敢!
我们要学会坚强!

强壮,一个字——扔!

男孩七岁前,在家里生活,父母要培养他们不哭、不闹、不挑食、不怕黑、不怕孤独。长到七岁时,就要离开家庭,进入学校,和别的男孩一起吃住,直到三十岁结婚才可以回家。

说是学校,其实就是军营。因为他们所学的东西,并不是文字、数学或者艺术,而是跑步、掷铁饼、拳击、击剑和搏斗等。

学校的生活非常艰苦,住的是帐篷,吃的是最难吃的食物——甚至连饭也不让吃,就要上山打猎;走路要打赤脚,

世界风云

训练时不能穿衣服,训练完后就跳到河里洗澡,冬天也不能例外。

从七岁开始,每个男孩都要接受一年一次的鞭打,这倒不是因为他们做错了什么事,而是为了教会他们学会忍耐。他们跪在地上,任人鞭打,不管伤得多重,都不能喊,不能哭。如果他哭了,他将永远在大家的面前抬不起头来。

比起男孩子们,斯巴达的女孩子们就幸运多了。但她们留在家里,不是整天做家务,而是学习赛跑、投标枪等。因为斯巴达人认为,只有身体强健的母亲,才能生下刚强的战士。

而当一个斯巴达母亲送儿子上战场时,没有哭泣,也没有拥抱,而是给他一个盾牌,说:"要么拿着你的盾牌回来,要么躺在上面回来!"

这样的训练,这样的磨砺,叫做"斯巴达式训练"。

你喜欢这样的训练方式吗?你是不是在心里暗暗庆幸,还好自己不是斯巴达人呢?

哎呀!又迟到了!

嘻哈乐园

自由广场

偷窃是种光荣？

我刚从外面回来，看到一个才几岁的斯巴达男孩，估计在学校里饿得不行了，跑到街道上偷食物吃，抓住之后被打得遍体鳞伤，看着怪可怜的！

酒馆老板

阿拉伯商人

哎，现在的孩子这是怎么了，小小年纪就开始出来偷东西，再饿也不能这样呀。父母不管吗？学校难道也不管哪？要知道"小时偷针，大时偷金"，这确实得好好管教！

你们知道啥？不懂就别乱说！我们学校是故意不让孩子吃饱，鼓励他们到外面偷东西吃的，偷到了就是光荣！这孩子被打，不是因为他偷了东西，而是他偷窃的时候被抓住了，偷窃的本领不高明，必须好好磨炼。

斯巴达学校校长

雅典人

啧啧啧，教孩子偷窃这么丑陋的事情，我们可没法认同。你们就不能像我们一样，教孩子们一些美好的东西，比如音乐、诗歌、雕刻、绘画，让他们在美的熏陶下健康成长？你们这样做，真替你们的未来担忧！

奇幻漂流

我们可以反抗吗?

编辑老师:

您好!我是一名美塞尼亚人,噢,斯巴达人把我们叫做希洛人。可恶的斯巴达人抢走了我们的土地、牲畜和粮食,还把我们变成了他们的奴隶。

这些年来,我们干着最重最累的活儿,过着猪狗不如的日子,却要把一半以上的收成献给他们,每次打仗还要冲在最前面!但他们还是不停地侮辱我们,鞭打我们,甚至把我们最强大、最优秀的同胞悄悄杀害了!

编辑老师,这样的日子我们再也过不下去了,我们想要反抗,我们希洛人比他们斯巴达人多得多,您觉得我们可以做到吗?

——一个不敢说出名字的希洛人

希洛人:

你好!我一直奇怪,斯巴达的男男女女都忙着训练,他们吃什么呀?现在我终于明白了,原来是你们在为他们干活。为了奴役你们,控制你们,他们必须拥有强大的武力。

那为什么斯巴达这么强大,却只敢悄悄地派人杀害你们最优秀、最强壮的人,也不敢向外发动战争呢?

原因很简单,因为你们的人比他们多,他们害怕你们暴动。

有句话说得好:"哪里有压迫,哪里就会有反抗。"敌人害怕什么,我们就给他什么!除了死,还会有比眼前境况更糟的吗?记住:自由和生命往往都是用鲜血和生命换来的!

编辑 穿穿

(注:希洛人发动了三次战争,最终以希洛人胜利告终。)

名人来了

特约嘉宾
荷马
（简称"荷"）

越越
（简称"越"）

> 嘉宾简介：古希腊诗人，乐师。他双目失明，却凭借一把七弦竖琴，为人们留下一个又一个美妙的传奇故事。而他的两部长篇史诗《伊利亚特》和《奥德赛》合称为《荷马史诗》，被誉为西方古代最伟大的作品。

越：（扶着荷马坐下）荷马老师，您好！找到您可真不容易，今天总算碰面了。

荷：我四处流浪，居无定所，能找到我，你已经很厉害了。

越：（一脸崇拜状）我就羡慕您这样的生活，一边走，一边唱，一边看风景，潇洒又自在！——哦，不好意思，我不是故意的，我忘了您眼睛不大方便，看不到……

荷：没事没事，这么多年也习惯了。路上的风景我也看得到，不过，我不是用眼睛看的，是用心看的！

越：对！对！您老是眼盲心不盲！不像有些人，虽然看得见，却跟盲了没什么两样。

荷：有时候人们也是出于无奈吧，毕竟即使看得见，也没办法改变。

越：也是。那咱们说说您唱的两首史诗《伊利亚特》和《奥德赛》吧，大家可喜欢了，都说是迄今为止最美的诗歌呢。

荷：过奖了，大家能喜欢这两首作品，我非常高兴。

越：有人说这两部作品是您根据民间流传的短歌综合编写而成的，并不是您一个人的成就，而是所有希腊人的结晶。

荷：这并不重要。连我这个人都是希腊的，更不用说这两部作品了。

越：嗯。那可以为我们简单介绍一下这两部作品吗？

荷：简单来说，《伊利亚特》说的是一座城——你们可能不知道，特洛伊还有个名字

27

名人来了

　　叫做伊利亚。《奥德赛》说的是一个人。这两首诗歌都和特洛伊战争有关。

越：如果我没记错，奥德修斯就是那个想出"木马计"的希腊英雄吧？

荷：没错。

越：奥德修斯可真聪明，没有他的话，特洛伊战争说不定还得再打个十年呢！大家都很崇拜他。

荷：每个人都有英雄情结。不过，这首诗并没有讲奥德修斯在战争中的英雄事迹，因为这个大家都已经知道了，而是讲述奥德修斯在战争后回国途中遇到的事情。

越：这个思路不一般，我喜欢……那他遇到什么事了？

荷：他得罪了海神，在海上漂泊了十年，遇到了吃人的独眼巨人、食人族、长着翅膀的女妖，还有美丽的仙女……

越：哇，这是真的吗？还有食人族？

荷：当然不是真的，是我想象出来的呢！

越：您想象力可真丰富啊，佩服佩服！结果呢？

荷：历经磨难后，他回到家乡，和妻儿团聚了。

越：嗯，过程很曲折，结局很美好。不过，这首诗还可以另外取个名字，叫《大海奇幻漂流记》，哈哈！

荷：这个名字很不错，小朋友肯定会喜欢。

越：（不好意思）您的作品还是不能乱改。荷马老师，冒昧地问一下，您老家是哪里的？

荷：（思索状）我走过的地方太多，老家是哪的，我已经记不清了。

越：听说现在有九个城邦都在抢您，说您是他们那里的名人。哈哈！

荷：我走遍了希腊的各个地方，对我来讲，我是属于整个希腊的！

越：对！您和您的作品都是全希腊的瑰宝！谢谢您今天接受我的采访，祝您一路平安！

广告贴吧

🛡 家有黑牛，娶妻不愁

　　本人家中养有黑牛若干头。因家中小儿已到娶妻年龄，愿用两头大黑牛，换一个妻子。若谁家中有适龄的女儿，可前来与我商议。其他物品暂不考虑交换（除铁器外）。非诚勿扰。

村东头的伊里特家

🏺 请使用猫头鹰银币

　　为方便大家买卖，本邦制作了一批猫头鹰银币。即日起，所有商家都必须使用这种银币。请大家遵照执行！

雅典城邦

🏛 请使用铁币

　　为贯彻艰苦朴素的生活作风，即日起，废除金币和银币，所有斯巴达人只准使用铁币。这样，其他地方的商人就不愿意前来经商，我们也可以安安心心搞训练了。

来库古

🌾 希腊人要懂希腊语

　　你还在用腓尼基的语言吗？你想学好希腊语吗？请先认识一下希腊字母。希腊字母源自腓尼基字母，却更适合希腊人。本人既懂腓尼基语，又懂希腊语，希望能够帮到大家。

　　教学地点：村口的海边大石头上

　　时间：早晨

第 3 期

【公元前 776 年—公元 394 年】

奥林匹克的桂冠

穿越必读

　　古希腊人用体育比赛来代替战争，几乎每个城邦都会举办运动会。其中，奥林匹克运动会的规模和影响最大。

　　古代奥运会每四年举行一次，至公元 394 年一共举办了 293 届。这朵美丽的"体育之花"，伴随着希腊历史，盛开了一千多年。

顺风快讯

第一届奥运会隆重举行
——来自奥林匹亚的快讯

（本报讯）公元前776年的夏天，第一届奥林匹克运动会在希腊南部的奥林匹亚隆重举行。

这次运动会是以希腊众神之王——宙斯的名义举办的，也是整个希腊最盛大的节日。人们从四面八方赶来观看，心中的激情像头顶的太阳一样火热。

那么，本次奥运会有些什么项目呢？

据官方公布，目前只有一个，那就是200码短跑（相当于现在的192.27米），刚好沿着跑道跑一圈。

虽然只有这么一个项目，但来自各地的选手还是一个个摩拳擦掌，跃跃欲试。据说得到第一名的人（即冠军），人们会把一个橄榄枝编成的花环（即桂冠）戴在他的头上。

现在，你是不是迫不及待地想知道，谁会是第一个夺得桂冠的人呢？那就请随小编一块去火热的比赛现场看一看吧！

来自奥林匹亚的快讯！

世界风云

第一个奥运冠军是厨师

今天是希腊历史上重要的一天,在刚刚结束的奥运会上,第一个奥运冠军诞生了!他就是来自伊利斯城邦的科莱巴!

据说科莱巴在很小的时候,就显露出了出众的跑步能力。在和小伙伴们玩争夺葡萄的游戏中,他总是赢的那一个。

不过,跑步不能当饭吃,所以长大后,科莱巴潜心钻研厨艺,成为了一名出色的厨师。

有一天,科莱巴听说要举行一次运动会的消息后,想到自己小时候还有点跑步的天赋,于是决定试一试。

世界风云

从此，除了做厨师以外，科莱巴开始练习跑步。在战胜当时一位颇有名气的运动员后，他成功地成为奥运会的参赛选手。

运动会开始前，因为参赛选手众多，赛跑之前，先要抽签分组。"签子"是用贝壳做的，每只贝壳上刻着一个希腊字母，代表一个组，放在一个铜制的签筒里。运动员抽好签后，根据抽签结果，在各自的小组中先进行一场初赛。

科莱巴在分组赛跑中取得了第一名，成功地进入了决赛。

真正的决赛开始了，选手们既紧张又兴奋，每个人都希望能得到命运女神的垂青，一战成名。

然而，可能是因为紧张，有一个运动员居然抢跑了！如果按照现在的国际惯例，这个运动员肯定会面临取消比赛资格、黯然离场的窘境。可你知道吗？在第一届奥运会中，这个犯规的运动员的结局更惨——按照规定，裁判员有权当场喝令该名运动员趴下，并用鞭子抽打他的屁股，以示惩戒。抽打完以后，再将这名运动员从比赛中除名。

惩戒完犯规者，比赛重新开始了。发令员一声令下，选手们犹如离弦之箭，齐刷刷地朝着终点疾驰而去。看台上也响起了一阵又一阵加油助威的呐喊声，震耳欲聋！

一开始，科莱巴还稍微有点落后，眼看就要到终点了，他猛然一冲，快人一步，抢先到达了终点。

全场立即响起了雷鸣般的掌声！

谁能想到，科莱巴不仅是个烹饪高手，还是个赛跑高手呢！这个让大家始料未及的比赛结果，让整个会场都沸腾了！

从此，科莱巴的名字响彻了整个希腊。

世界风云

冠军比国王更风光

第一届奥运会圆满落幕后，各城邦代表商定，以后每四年举行一次奥运会。

对此，人们纷纷表示，这么大的盛会，四年才举行一次，怎么能只有一项短跑比赛呢？于是，后来又增加了长跑、跳远、摔跤、拳击、赛马等项目。

项目增多了，奥运会的时间也由一天延长到了五天。

为了保证运动会的顺利进行，比赛之前，大会组委会要对所有参赛运动员、裁判员进行严格审查。凡参赛者，不能有任何犯罪记录和违法行为；如果在比赛中作弊，就会被毫不留情地淘汰出局，而且终身不能参赛。

最后一天是举行颁奖仪式，优胜者会获得橄榄枝编成的桂冠，由大会的主持者将它戴在冠军的头上。

而戴上这种桂冠的冠军，比戴王冠的国王还要受欢迎。诗人们会给他们写赞美诗，艺术家们会为他们建造纪念雕像，而冠军的家乡更是把他们当作凯旋的英雄。有的城市还故意把城墙打开一个缺口，让他们像征服者那样进城。

除此之外，有的冠军们还可以领到巨额的奖金（如雅典会给优胜者500枚猫头鹰银币的奖励），享有别人没有的丰厚待遇，比如剧场会为他们设置荣誉座位，食堂有免费的美食，等等。

而这一切，都是因为他们为城邦赢得了至高无上的荣誉！

世界风云

比赛第一，战争靠后

奥林匹克运动会举办得热火朝天，有小读者可能要问了，这些城邦打来打去的，万一碰上战争怎么办呢？运动会要取消吗？

其实，早在奥运会之前，伊利斯和斯巴达就完美地解决了这个问题。

大家知道，希腊的城邦大大小小有数百个，个个都想当霸主，一年打仗的次数，是数也数不清。

有一年，伊利斯和斯巴达正在打仗。不巧赶上伊利斯要举行祭典。伊利斯的国王就和斯巴达订立了一个协议。

协议规定，奥林匹亚是举行祭典的圣地。祭典期间，作战双方都必须宣布停战，以运动会代替战争，等到运动会结束再继续交战。

后来，其他的城邦也依葫芦画瓢——照办，休战期也慢慢延长到一个月，最后延长到三个月。

就这样，"休战日"举行运动会，渐渐在希腊半岛流行开来，变成了象征"和平和友谊"的运动会——奥林匹克运动会。

每到奥运会召开之前，使者们便到希腊各个城邦和地区，通知运动会的日期和注意事项，宣布"神圣休战月"开始。他们一路奔跑，一路高喊："停战吧，奥运会要开始啦！"

到最后，即使外敌入侵，希腊人也仍然把运动会放在第一位。

嘻哈乐园

奇幻漂流

奥运会是男人的专利？

编辑老师：

您好！我是伊利斯的一名女孩，名叫玛雅。今年奥运会在我们城邦内举行，我感到非常高兴和自豪！

可是奥运会明确规定，只有男人可以参加比赛，女人不但不能参加，就连到现场去观看也不行。

我听说有个女人因为儿子参加了奥运会，装扮成一名教练，混入了现场。当她儿子获胜时，她情不自禁地欢呼起来，结果暴露了身份，被处以死刑。

这对女人来说，真是太不公平了，为什么这么盛大的运动会只是他们男人的专利？我们女人也有手有脚，能跑能跳啊！我抗议！

伊利斯的玛雅

玛雅：

你好！我很赞同你的观点。奥运会既然是一场体育盛会，那就应该体现出平等、自由的体育精神。

这应该是一场全民性的运动会，不光男人可以参加，女人也可以参加。

我还有个大胆的想法，不光希腊人可以参加，甚至还可以邀请全世界的人都参与进来。我想，其他国家应该也很乐意的。

不过，任何事情的发展都需要一个过程。现在奥运会才刚刚开始，有很多地方还不够完善。如果你有这个想法，可以给奥运会的组织者写信，向他们提出你的建议。我相信，奥运会经过一段时间，会发展得越来越好，让我们一块期待吧！

编辑 穿穿

自由广场

比赛要穿衣服吗？

酒馆小伙计：第15届奥运会可真精彩呀！麦加拉城邦有个叫奥尔士波斯的运动员在参加跑步比赛时，跑着跑着，围在腰间的兽皮衣服掉了，结果一路"裸奔"，不但坚持跑完了全程，最后还得了冠军！

希腊人埃里斯：是的，这次"意外"让奥尔士波斯一炮而红啊，所有观众都被他健美的姿态惊呆了。人们都说，以后运动员就应该像奥尔士波斯一样，干脆别穿衣服比赛算了。

雅典人：我看这不太好吧，奥运会这么神圣，赤身裸体，不会影响形象吗？

斯巴达人：我赞成裸体比赛。比赛的时候都是夏天，天气这么热，运动员如果不穿衣服还能凉快点儿。而且，我们还可以欣赏到他们健美的身材，何乐而不为呢？另外，裸体比赛的话，有些女人想要伪装成男人参赛，那就绝对不可能了呀。

娱乐八卦

关于奥运会的三个故事

奥运会深受人们的喜爱，不过，它到底是怎么来的呢？很多小读者并不清楚。为此，记者走访了很多当地居民，听到了三个不同版本的故事。

第一个故事和宙斯有关。这个比较简单，说的是人们为了得到他的保佑，便为他定期举办祭祀活动，献上牛羊和歌舞，同时来一场体育竞赛，从此就有了奥运会。

第二个故事和宙斯的儿子赫拉克勒斯有关。据说赫拉克勒斯是个力气很大的神，人们称他为"大力神"。

有一天，伊利斯国王和他打赌，说如果他能在一天之内把国王的牛棚打扫干净，就送给他300头牛。国王的牛棚有3000头牛，牛粪堆积如山，从来没有清理过。不要说一天打扫干净，就算是三天，也不可能完成啊。

但聪明的赫拉克勒斯在牛棚的旁边挖了一条沟，引来河水，不到半天就把牛棚冲洗得干干净净。可国王却不想兑现承诺，还想把赫拉克勒斯赶出城。

赫拉克勒斯一气之下，就把国王赶走了。为了庆祝这次胜利，他就在奥林匹亚举行了运动会。

第三个故事和宙斯的孙子佩洛普斯有关，也是最有趣、流传最广的一个故事。

相传有一年，伊利斯国王为了给自己的女儿挑选一个文武双

娱乐八卦

全的丈夫，提出应选者必须和自己来场战车比赛。

在比赛中，先后有 13 个青年败给了国王。而第 14 个青年正是公主的心上人、宙斯的孙子——佩洛普斯。

国王的车夫不忍心看两个有情人分离，在国王的车轮上动了点小手脚。结果，比赛的时候，国王的车翻了，佩洛普斯取得了胜利。

几天后，佩洛普斯和公主举行了盛大的婚礼，婚礼上安排了战车、决斗等比赛，这就是最初的奥运会。

小读者们，这三个故事，你最喜欢哪一个呢？

名人来了

特约嘉宾

米隆（简称"米"）

越越（简称"越"）

> 嘉宾简介：著名摔跤手、雕刻家，奥运会第一个大满贯冠军。他力大无比，连续六次获得奥运会摔跤冠军，创造了奥运史上的奇迹。在希腊人眼中，他是一个让人疯狂的传奇人物。

越：（上前一把握住米隆的手）英雄，感谢您接受本报的采访，见到您可真荣幸！

米：别，我不是英雄，我就一平凡人，只是吃得比别人多，力气比别人大点而已。

越：别谦虚。您拿这么多桂冠——我有个不要脸的请求，能不能送一个给我做个纪念啊？

米：啊，这可不行！这是我们希腊最伟大的荣誉，别说是送，就算给我钱，我也不干！——况且我也不需要钱啊！

越：（酸溜溜）那是那是，像您这样的国宝，希腊人肯定把您当神一样供着，养着，哪里还需要别人的钱。

米：小记者你别酸，要是你也能成为冠军，也可以这样！

越：唉，我这细胳膊细腿的，您就别取笑我了。再说，有您这样的人，别人是不会有任何机会的！

米：机会？我给过别人机会的。我曾经在一个铁饼上涂满了滑溜溜的油，然后赤脚站在上边，对别人说："谁能把我从铁饼上推下来，我就认输，把冠军让给他。"

越：哇，那不是一根手指头就能把您给戳下来吗？

米：哈哈，事实是很多人都来推我，结果没一个得逞。

越：（嘴巴张成O形）啊，您力气这么大？

米：对，我从小就力气超大。在我十二岁的时候，我父亲送给我一只牛犊做生日礼物，我把它一把抱起

名人来了

　　来，举过了头顶。

越：（惊呆）哇，您确定您是在"举牛"，不是在"吹牛"？

米：（一脸轻松）这算什么！有一次运动会我还和一头发了疯的公牛赛跑呢！

越：听您这口气，您还赢了那头疯牛？

米：那是当然。我不但跑赢了那疯牛，还一把拽住它，把它摔在地上，然后举着公牛绕着运动场跑了一圈。

越：（嘴巴再次张成O形）佩服佩服！看来是老天赏饭吃，给了您这么大力气。

米：摔跤这种事，光老天爷给力气还不够，也不能只拼蛮力，还要有技巧，会使巧劲。

越：巧劲？怎么个使法？

米：打个比方，给你一颗石榴，你要把它牢牢抓住，不让别人抢走的同时，还要让它完好无损，这就得用上巧劲。

越：这……这得有多小心啊！我不行呢！难道……您可以？

米：我当然可以。

越：厉害呀！想不到摔跤的大老粗还有这么细致的一面。

米：这不算什么。你别忘了，我还是一名玩雕刻的。

越：（拍大腿）对啊，差点把这个忘了。您的雕刻比摔跤更厉害呢！我看过您的作品《掷铁饼者》，那可是千年难得一见的佳作！您一个运动员，是怎么做到的啊？

米：其实任何事只要勤加练习，比常人多用点功，多用点心，都可以做得很出色。奥林匹克大会不只是运动员的天下，如果你会作诗、作曲、雕刻，都可以去参加的。

越：嗯，谢谢米隆，我们要向您好好学习，天天向上！争取有一天也能参加奥林匹克大会。

广告贴吧

奥运会注意事项

请各城邦注意，因大会经费有限，凡参加赛马、赛车的运动员，所有费用必须自理，马匹、战车也需要自备。若无法置办，建议运动员放弃此项比赛。

奥运会组委会

作弊就要严惩

本届奥运会上，竟然有一名选手买通另外三名对手获得冠军。组委会除对这四名选手处以高额的罚金外，还禁止他们再次参加奥运会。奥运会的胜利不是可以用金钱买来的，而是依靠强健的体魄！望大家引以为戒，不要再做这种可耻的事。

第98届奥运会组委会

选出圣火传递员

为纪念普罗米修斯将火种带到人间，奥运会即将召开之际，本城邦将派出三人，担当圣火传递员。应征人员须具备以下要求：必须是希腊人；必须是运动员。

伊斯特城邦奥运会组委会

智者为王

智者为王第❶关

① 克里特人建造了一座迷宫,这座迷宫叫什么名字?

② 公元前1600年左右,克里特岛的新主人是谁?

③ 打了十年都没有攻破的特洛伊城,最后是用什么方法攻破的?这个办法是谁想出来的?

④ 特洛伊战争和一位绝世美女有关,这位美女是谁?

⑤ 古希腊谁是最大的天神?

⑥ 雅典的银币上面刻的是什么图案?

⑦ 雅典的保护神是谁?她象征着什么?

⑧ 斯巴达人的孩子一出生就要去体检,如果不够健康,会怎么样?

⑨ 斯巴达男孩七岁就要离开家里,到哪里去生活?

⑩ 《荷马史诗》包含了两部作品,是哪两部?

⑪ 第一届奥林匹克运动会是哪一年举办的?奥林匹克运动会几年举办一次?

⑫ 古代奥林匹克运动会有哪些项目?请举例说出几个。

⑬ 古代奥林匹克运动会给冠军最伟大的荣誉是什么?

⑭ 古代奥林匹克运动会女人可以去参加和观看吗?

⑮ 谁连续六次获得古代奥林匹克运动会的摔跤冠军?

智者无敌　王者为大

第 4 期

【公元前6世纪—公元前5世纪】

雅典的穷人和富人

穿越必读

每一个国家，都有国王。但雅典，却是一个没有国王的城邦。

没有国王的雅典城邦，秩序有点糟糕，穷人与富人的矛盾也日益尖锐。为了把雅典变成一个井井有条的法治城邦，雅典人进行了一系列大胆的变革，让雅典的面貌焕然一新。

顺风快讯

雅典乱糟糟，有钱人不敢出门
——来自雅典的快讯

（本报讯）最近一段时间，雅典的贵族们都窝在家里，不敢出门了。这是怎么回事？

原来，不知从什么时候起，雅典人分成了两派，一派是有钱的贵族，一派呢，是没钱的平民。这两派吵啊吵，吵到最后，还把国王给废除了。从此，雅典就再也没有国王了。

公元前682年，他们选出了9名执政官（后增加到10人），负责管理城邦大事。权力最大的叫首席执政官。

可是，这帮执政官是贵族出身，总是为富人说话。

富人们有权有势，占据大量土地。穷人为了生存，只能给他们做工，所有的收成，5/6要交给贵族，自己只能留下1/6。如果收成不够，富人还有权把穷人一家变成奴隶。

而且，同样是犯了错，穷人们要受到严厉的惩罚，富人们呢，顶多是躲藏几天，然后又大摇大摆地出来吃喝玩乐了。

穷人们忍无可忍，有的被迫当了强盗，甚至明目张胆地在大街上刺杀贵族。

在这种情况下，哪个富人还敢出门呢？

来自雅典的快讯！

世界风云

只有死刑的《德拉古法典》

眼看雅典乱成一团,雅典当局委托执政官之一的司法执政官德拉古,为大家制定一套法律,既能让富人遵守,也能让穷人遵守。

结果让人大吃一惊——

你能想象一部法律只有死刑吗?《德拉古法典》就是这样的。

按理说,根据罪行的轻重,处罚的结果也有轻有重。

但《德拉古法典》却规定,不管你是杀人,还是盗窃,哪怕只是偷了一块面包、一个水果,统统会处以死刑!

据说,有人问过德拉古,为什么要制定这么严厉的刑法?

德拉古回答说:"小偷应该被处死,杀人犯的惩罚应该比处死更严厉,可惜,没有比处死更严厉的惩罚了。"

他还说:"如果犯了一个小错,就被处以死刑,那么人们就不敢犯大错了。"

可是事实上,既然小偷小摸是死,杀人抢劫也是死,许多人犯错时,一旦被人发现,就干脆破罐子破摔,杀人灭口了。

如此一来,治安非但没有好起来,反而更加乱哄哄。因此,不论是贵族还是平民,大家都对此很不满意。

看过这部法典的人都说,这法律哪里是用墨水写成的,分明是用鲜血写成的啊!

为平民说话的贵族

《德拉古法典》实在太严厉了，根本执行不下去。人们只好找来一个叫梭伦的人，制定一部公平而又合理的法典。

梭伦既是一个诗人，也是一个战斗英雄，在雅典颇有名望。虽然他是贵族出身，却十分为平民着想。他一上台就颁布了一个"解负令"，宣布——

把所有穷人的债务，全都免了！把所有因欠债而成为奴隶的人，全都放了！把所有被抢去的土地，全部物归原主！

以前，雅典的官员大部分由贵族担任，即使你有钱也当不上，很多人都觉得不公平。

梭伦想了个好办法，根据收入，将所有人分为四个等级，不同的等级享有不同的权力。

钱越多，等级越高，权力就越大。钱少就只能担任低级官员，甚至只能选别人，自己不能做官。

他还规定，所有雅典的"公民"，不论是穷人，还是富人，都必须参加"公民大会"。

因为关心自己的国家，是一个公民应尽的义务，要是谁老是以"今天我有事""今天下雨"这种借口推托，就不配做雅典的"公民"。

最重要的是，身为雅典的公民，不论钱多钱少，每个人都要服兵役。钱多的，要自己准备马匹、武器等装备；钱少的，买不

世界风云

起装备，就只能当步兵或者后勤。

当然，那些奴隶是不用考虑这些的。他们的职责是为公民做工、干活，没有任何权力，就连"雅典人"都算不上。

梭伦把这些规定刻在木板或石板上，装在一个木框里，让大家遵照执行。

那这样一来，大家就满意了吗？

并不是！

富人们说"有钱打仗还要冲在最前面"，梭伦太为穷人着想了；穷人们说"没钱就不能当官"，梭伦还是站在有钱人那一边。

梭伦解释说："我不想让任何一方吃亏，也不想让任何一方占便宜。我制定的法律，不分贵贱，对大家都是一视同仁的。"

大家很尊敬梭伦，又找不出比这更好的办法，仔细想想，至少有了这个规定，大家不会再打起来了，于是也就接受了。

受人尊敬的"僭主"

梭伦退休后,离开雅典去远游了,之后大家又开始吵了起来。

梭伦有个表兄弟叫皮西特拉图。这人很聪明,也很有心机。他故意刺伤自己,说是敌人想把他杀死,要求公民们给他一支卫队,保护自己。善良的雅典人同意了。

哪想到,他组建卫队后,就收缴了公民的武器,占领了雅典。

因为他不是人们选举出来的,做什么事也不征求雅典人的意见,人们对这个统治者很不满意,称他为"僭(jiàn)主"。

不过,出乎意料的是,他把雅典治理得井井有条,甚至比梭伦治理得更好,比如:

他建立了全希腊第一座图书馆,让人将荷马的史诗抄录下来,方便大家阅读。而在这之前,人们只能通过口口相传的方式来学习这部诗歌。

他修建了许多马路,组建了一支海军。

他还把一些逃亡贵族的土地分给没有土地的农民,帮助农民购买牲畜、农具等。有时候,他还微服私访,亲自去农村考察民情。

有一次,有个人诬陷他谋杀,他本来可以不用理会,甚至还可以将那人杀了。但是他不但没有这么做,反而亲自前往最高法院解释,而指控他的人呢,反倒不敢出现了。

在他的治理下,雅典成了希腊最繁荣的城市。

世界风云

拥有神奇力量的陶片

皮西特拉图做了不少好事,雅典人都很尊重他。可他临死前,却做了一件事,让人们大失所望。那就是——他居然将权位交给了自己的儿子!

这不是自己当国王,世世代代也要当国王吗?雅典人很不满意,就把他们一家赶出了雅典。

公元前508年,大家又共同推选出一位新的执政官,叫克利斯提尼。

克利斯提尼认为,之前的法律都是站在富人那边,因此他制

世界风云

定了一个看起来很公平的规定，那就是，从此以后，不管你有多少钱，你都有做官和选别人做官的权利。

为了维护好这个公平的制度，克利斯提尼还实行了"陶片放逐法"，进行改革。

什么是"陶片放逐法"呢？就是如果谁做了危害国家或者让大家觉得很气愤的事情，人们就可以召开公民大会，把那人的名字写在陶片上，扔进投票箱。如果这个人的选票超过了6000票，他就会被判放逐10年，期满后才能回到雅典。

根据这个制度，公民们可以表达自己的意见，也让有野心的人提高警惕，不要做出使大家讨厌的举动来。

一开始，这个是为了对付那些有野心的人。但很快，一些权力过大的人，也成为被放逐的目标。

据说有个叫阿里斯德岱斯的大人物，在参加陶片放逐现场投票时，被一个男人叫住了。

这个人不认识阿里斯德岱斯，递给他一枚陶片，说："对不起，能帮我写上阿里斯德岱斯的名字吗？我不会写字。"

阿里斯德岱斯问道："阿里斯德岱斯做了什么坏事吗？"

那人摇摇头说："不知道，我都不知道他长什么模样，只是满世界的人都说阿里斯德岱斯是个大人物，是正义之士，我只是听烦了。"

阿里斯德岱斯听了，二话没说，就在那人的陶片上写下自己的名字还给了他。

这一年，阿里斯德岱斯就被放逐出雅典。

自由广场

民主是个什么样儿

酒馆小伙计：一个人的权力过大，就很可能危及国家。民主就是谁也别当国王，让公民当家作主，让权力掌握在公民手中，而不是在少数人当中。家庭以外的所有事情由公民决定！由多数人决定！

葡萄酒作坊学徒：那多数人决定就是对的吗？不一定吧？多数人也会犯错！真理往往掌握在百分之二十的人手中。

雅典女诗人：什么多数人的决定？这些多数人全是指你们男人，又不包括我们女人，也不包括奴隶。唉，在你们眼中，我们女人难道和那些奴隶一样，都不是人吗？

雅典贵族：废话，要是女人也能成为公民，谁为我们生儿育女？要是奴隶也可以投票，那有朝一日，人家给他们投一票，岂不是他们要翻身做主人了？

兵器铺老板：不管这制度咋样，我觉得一人一票，让20岁以上的公民都有权参加公民大会，这也算是一个进步，我支持！

去斯巴达还是去雅典

编辑老师：

您好！我是一名米利都人，一直很想去斯巴达和雅典看看。

我觉得，斯巴达的男人每一个都是响当当的男子汉，男人就应该像他们那样，刚毅、简单、言之有物。而雅典人热爱体育，热爱自然，热爱音乐和诗歌，热爱雕塑、油画、建筑物和所有精美的艺术品，也很不错。两个城邦可以说是各有千秋。

前段时间，听说这两个城邦都在招老师，我正好有这个兴趣，您觉得哪个地方更好呢？

一个想当老师的有志青年

有志青年：

你好。雅典和斯巴达是两个完全不同的城邦。斯巴达崇尚武力，一切都是军事化管理，雅典崇尚个性，提倡自由。所以，他们的教育方式也完全不一样。

斯巴达人不重视文化教育，要求孩子会写命令和便条就行，不要讲空话、套话。而雅典人注重培养孩子的智慧和品行，他们的学校大多是私立学校，会教很多知识，有的学校会教读、写、算等知识，有的学校会教音乐、唱歌、朗诵等。等到16岁以后，才正式归国家教育。

我个人更倾向于雅典这种教育方式。不过，据说能当老师的一般是他们本地公民或奴隶。你能不能去，最好还是再打听一下，以免白跑一趟。

编辑 穿穿

会赚钱的哲学家

万事万物是怎么来的？它们在不断地发生变化吗？事物之间是否存在某种联系？……在希腊，思考这种问题的人，我们把他叫做哲学家。泰勒斯就是最早思考这种问题的哲学家。

泰勒斯出生在米利都，很早的时候是一名商人，但他不好好经商，也不好好赚钱，经常去研究数学和天文。

有人说，哲学家都是穷光蛋，是世上最没用的人。

他就利用天文知识，发现来年的橄榄会丰收，租下米利都所有的橄榄榨油机，第二年抬高价格，狠狠地赚了一笔，向人们证明，哲学家也会赚钱，而且可以赚得比别人多。但是，他不屑于只做赚钱的事，因为有比赚钱更重要的事情做。

有一年，米底王国和吕底亚王国交战，老百姓受尽了苦。泰勒斯说，两国的战争惹怒了神灵，某月某日将会发生日食作为惩戒。后来，日食果然出现了，两国罢兵求和，泰勒斯名声大噪。

一天晚上，泰勒斯出门时，边走路边往天上看。看了一会儿，他说："明天会下雨。"结果，一不留神掉进了坑里。

过路的人把他救上来，笑道："脚下的坑都看不见，还要看天上的星星，真是太可笑了。"

泰勒斯一辈子没有结婚，当他的母亲催他找一个姑娘结婚时，他说："还没到那时候。"而等他老了以后，他母亲再次催他结婚，他又回答说："哎，已经不是那个时候了。"

名人来了

特约嘉宾
伊索
（简称"伊"）

越越
（简称"越"）

> 嘉宾简介：古希腊著名的哲学家、文学家。本是一个出身低贱的奴隶，因知识渊博，智慧超群获得人们的尊重。由他创作的《伊索寓言》幽默、诙谐、生动、有趣，包含了深刻的人生哲理，深受广大人民的喜爱。

越：伊索老师，您好！我可是从小听您的故事长大的啊。您小时候是不是看过很多书呀？

伊：小记者说笑了，我一个奴隶，连肚子都填不饱，哪来的书看？而且我小时候又矮又丑，又不会讲话，亲戚邻居都嘲笑我。

越：啊，这些人真可恶！

伊：不过，我有一个疼爱我的妈妈，妈妈常常给我讲故事，教我要做一个有爱心、有胸怀的人。

越：世上只有妈妈好！

伊：可惜没多久，我妈妈也去世了。我被人卖作奴隶，因为不会说话，常常受人欺负，我只能心里默默地和小动物们说话。

越：噢，那你后来怎么学会说话的？

伊：有一天晚上，我梦到神微笑着把手指放进我的嘴里，把我打结的舌头捋直了。第二天醒来，我就会说话了，而且说得很流利！也许是因为我做梦都在梦见讲故事，感动了神吧！

越：哇，这么神奇！不过，这会不会是你常常和小动物们说话的结果呢？

伊：也有可能。从此，我只要一得空儿，就给大家讲故事。可能是以前憋太久了，好不容易会说话了，我就特别珍惜，经常不停地讲。大家都说我是个"故事篓子"。

越：我发现你的故事主角虽然讲的大都是动物，其实是指各种各样的人吧？

伊：是的，你不觉得有些人虽

名人来了

然披着人皮，却干着禽兽的勾当吗？比如有的人一心想做坏事，总是想方设法地编造一些借口，一旦谎言被揭穿，就会露出他丑恶的真面目。

越：就像《狼和小羊》里的狼，总是找小羊的茬，其实就是想吃它！碰到这种人，千万别靠得太近！

伊：嗯，还有一种人，贪婪又胆小，自己做不到，却只会嫉妒人家。

越：就像《狐狸和葡萄》里的狐狸，吃不到葡萄却说葡萄酸。

伊：哈哈，小记者，你对我的故事了解得不少嘛。

越：我不是说了吗？我从小就是听您的故事长大的啊！

伊：那你一定听过《龟兔赛跑》《农夫和蛇》这些故事啰。

越：那是当然，《龟兔赛跑》告诉大家不要骄傲自满；《农夫和蛇》告诉我们要分清楚好人和坏人……而且，我还发现了一个秘密……（故作神秘状）

伊：什么秘密？

越：我发现，在您的故事里，狮子、狐狸、毒蛇、老鹰这些凶禽猛兽，都不是好东西；而乌龟、小羊、蜜蜂、小虫这些小动物，一个个都很勤奋、善良、聪明。

伊：小记者很用心啊。没办法，我们身为奴隶，又不能光明正大地指着主人鼻子骂，只能靠讲故事来过过瘾了。

越：可是您这样很危险啊，我听说有的奴隶主一直想置您于死地呢！您还是别讲了吧！

伊：要我不讲故事，还不如让我死！

越：那您还是小心点好。我还特别期待您能整理一部完整的《伊索寓言》出来呢！

伊：谢谢小记者关心！到时请你做第一个读者！

（注：公元前560年的一天，伊索被人杀害。）

广告贴吧

关于扶持手工业及农业的通知

为保护雅典的手工业及农业,现规定:除橄榄油外,任何农副产品不得出口;所有雅典公民必须让儿子学会一门手艺,有技术的手工业者若移居雅典,可以成为雅典人;个人的财产可由孩子继承,不得归公。

首席执政官梭伦

我们不生产水,我们只是水的搬运工

为了让大家喝上干净健康的水,我们历时几个月,新修了一条水渠,将山泉直接引入城里。这水来自森林深处,纯净天然,请大家放心饮用!我们不生产水,我们只是大自然的搬运工!

雅典供水处

共建卫城美好家园

为防止敌人入侵,现(即公元前580年)决定在南边的山丘上,建造一座卫城,并在城中修建一座神庙,供奉我们的保护神雅典娜。

望大家齐心协力,共建美好家园。

雅典战神山议事会

名师讲课公告

三日后,著名数学家毕达哥拉斯将来我们小城演讲。如果你想知道他发现的"勾股定理"是怎么回事,欢迎前来听课。老师认为女人和男人一样有求知的权利,欢迎各位夫人、小姐前来听课。

克罗顿

第 5 期

【公元前 499 年—公元前 480 年】

为自由而战

穿越必读

与波斯帝国比起来,古希腊的城邦无比渺小。然而,有一天,小小的希腊却向庞大的波斯帝国发起了挑战……

听起来是不是有点可笑呢?

顺风快讯

蚂蚁斗大象
—— 来自小亚细亚爱奥尼亚地区的快讯

（本报讯）公元前499年，一个惊人的消息传到了大家的耳中——米利都（爱奥尼亚的十二城邦之一）的希腊人拿起武器，跟波斯打起来了！

众所周知，波斯国力强大，是当今世界上唯一一个横跨欧、亚、非三大洲的大帝国。他们向东打到印度，啃掉了印度一大半，向西更是所向披靡，巴比伦、叙利亚、埃及都不是他们的对手。

在这只"大象"面前，希腊这些城邦就像蚂蚁一样渺小。那么，米利都这只小"蚂蚁"，怎么和"大象"斗起来了呢？

原来，波斯人占领米利都后，想给他们安排一个国王！米利都人不甘心当他们的奴隶，就趁波斯远征失败的时候，攻入了波斯的一个城，一把火把它烧得个干干净净。轰轰烈烈的爱奥尼亚起义正式爆发。

邻居们听说后，纷纷表示，"拯救米利都，就是拯救自己"，争相派兵支援，雅典甚至还派出了一支军队。

只是，蚂蚁再多，能斗得过大象吗？

来自小亚细亚爱奥尼亚地区的快讯！

自由广场

战争要开始了

爱奥尼亚姑娘：哎呀，波斯的国王大流士说："我一定要惩罚希腊人，让他们付出代价！"他是要报复我们吗？我好害怕！

雅典士兵：不要怕。我们希腊有这么多城邦。大家都会保护你们的。波斯人，你们尽管来吧！

波斯商人：你们希腊也太过分了。皮西特拉图的儿子对我们国王说，如果波斯能帮助他当上希腊的僭主，就送给波斯一部分土地。我们国王都没有搭理他，没有找你们的麻烦。现在倒好，你们自己找上门来了！老虎不发威，你们当我们是病猫吗？

雅典哲学老师：别说得那么好听了！现在整个世界，我知道的地方都是你们波斯帝国的地盘。你们早就对希腊垂涎三尺了！所以，你们真正想对付的，不是爱奥尼亚，而是我们整个希腊！
全体希腊人好好准备吧，战争就要开始了！

（注：公元前494年，米利都被波斯攻陷，变成了一座废墟。爱奥尼亚其他城邦也惨遭洗劫。）

为自由，水土不可抛

公元前492年的一天，希腊人像往常一样，在市政广场上聊天，谈笑，跑步，看戏，一切看起来是那么宁静、祥和。

这时，一个可怕的消息打破了这一宁静——波斯人坐着船向希腊杀过来了！据说船上足足载了三万人，声势十分吓人。

听到这话，每个人的心都提到了嗓子眼。可是，大家伸长脖子等啊等，等了半天，却没有等来一个人影。

原来，当波斯船队快要到达希腊时，突然不知从哪刮来一阵飓风，把船队给掀翻了，所有波斯人都掉进海里，喂了鱼。

听到这个消息，希腊人这才放下心来。

但是事情就这么结束了吗？当然不会。

很快，又一批波斯人来到了希腊。不过，这一次他们不是来打仗的，而是来要东西的。

要什么呢？美女？金钱？都不是，要的只是一抔（póu）土和一杯水。意思是，只要大家献出水和土，就表示愿意向波斯投降，波斯就不跟他们打仗了。

为了不重蹈爱奥尼亚人的覆辙，再加上波斯一直很友善，所以很多城邦都乖乖地接受了这个条件。

只有雅典和斯巴达不买账。他们抓住这些使者，一把扔进了井里，还说："井里有泥也有水，你们自己去拿吧！"

哎，大流士一辈子都没受过这样的羞辱，他会善罢甘休吗？

世界风云

以少胜多，马拉松传捷报

公元前490年，波斯大军穿过茫茫大海，出现在马拉松平原上，这里离雅典只有四十多公里！

消息传来，雅典的市政广场立刻贴满了征兵传单。为了保卫家园，男人们纷纷报名应征。

两支军队很快在马拉松平原见了面，相距仅仅两公里。

都说"仇人相见，分外眼红"，奇怪的是，双方都没有立即展开进攻，而是不约而同地停了下来，开始安营扎寨。

一连好几天，大家都没有行动。大家你瞪我，我瞪你，视力好点的，都能数清楚对方的人头。

就这样瞪啊瞪啊，一个坏消息（对波斯人来说是好消息）传了过来——波斯的另一支部队攻下了一个要塞，通往雅典的大门已经被打开了！

波斯人听了非常高兴，立即将骑兵一股脑儿地装上船，直接开往雅典，不跟这帮人玩了！

到了第二天，双方的步兵还是继续你瞪我，我瞪你。

可瞪着瞪着，波斯人发现——刚刚还像死鱼一般的雅典方阵突然以箭一

世界风云

般的速度开始移动！一眨眼的工夫，就跑完了两公里，跑到了他们面前！

战争突然就开始了！

波斯的弓箭手还来不及反应过来，雅典人已经举起盾牌，开始和波斯的步兵交手。

最后，波斯的步兵被雅典人像包粽子一样，挤成了一团。

这时，人数再多也没有用了，最外边的士兵被雅典人杀得没有一点招架之力，里面的人又被外面的人挤得动弹不得，只能眼睁睁地看着战友任人宰割。

这场战争从早打到晚，从马拉松平原打到山谷，打得是天昏地暗，日月无光。

最后，波斯大军除了少数人灰溜溜地逃回船上，有六千多人死在了马拉松平原。而雅典，却以只付出不到两百人的伤亡代价，保住了家园。

打了很多胜仗的大流士一世遭此痛击，从此卧床不起，不久就病逝了。

斯巴达为何不出兵相救?

编辑老师：

您好。当我们打完这场马拉松战役时，斯巴达人就来了。唉，看到他们我就生气。

战争还没开始的时候，因为我是整个雅典跑得最快的人，上级让我去斯巴达搬救兵。

我跑啊跑，跑了一天一夜，跑了大概两百多公里（相当于从北京到天津跑个来回），才跑到斯巴达。可是，当我请国王出兵救援时，他却说要等十天后，月圆的时候再出兵，怎么求他都没用。

天啊，十天后才出发，是去给我们收尸吗？不想出兵就直接说，为何要这么拐弯抹角呢？实在让人难以接受。现在好了，战争结束了，他们就跑来了，这都什么人啊？

费迪皮迪兹

费迪皮迪兹：

你好。恭喜你们这次打了个大胜仗。但你说斯巴达国王找借口不出兵，我要替他说句公道话。

斯巴达确实有个古老的传统，不是满月的时候出兵，会有厄运降临。因此，就算你把刀架在国王脖子上，就算明天斯巴达要灭亡，他们也不会违背这个传统。

再说，"求人不如求己"。没有斯巴达，你们不是照样打了胜仗吗？赶紧把这个好消息告诉正在焦急等待的雅典人吧！

只是你一连跑了好几趟，记得要注意休息哦。

编辑 穿穿

（注：费迪皮迪兹跑到雅典，只说了一句："我们胜利啦！"就倒在地上死了。为了纪念这次长跑，奥运会增加了一个马拉松比赛。在这个比赛中，运动员们也要跑同样的距离——42.195公里。）

名人来了

 特约嘉宾 米太亚德（简称"米"）

 越越（简称"越"）

嘉宾简介：雅典执政官，马拉松一战的统帅。他曾指挥军队在马拉松之战中以少胜多，打败波斯，极大地鼓舞了希腊人团结抗敌的信心。这一战的胜利，不仅拯救了雅典城，也改变了整个希腊的命运！

越：将军，您好！恭喜您取得马拉松战役的胜利！听说这次雅典的军队远远少于波斯兵？

米：是的，我们倾尽全力才凑齐一万名士兵，加上援军一千人，总共一万一千人。

越：波斯兵呢？

米：波斯军队据打听有十万人，光步兵就有三万多人，还有弓箭手、骑兵，而且装备非常精良。

越：哇，这实力悬殊很大呀！我听说开战之前双方对峙了好多天都没有动静，您这边是不是被对方的阵势吓到了？

米：我们希腊人从不贪生怕死！我们是在等待进攻的最佳机会，等一个消息。

越：什么消息？

米：等雅典的最后一个要塞被波斯军攻下的消息。

越：啊，这对你们来说是个天大的坏消息吧？！

米：看起来是坏消息，实际上可能会给我们带来一线生机。因为这样一来，波斯军队就把骑兵撤走，直接去攻占雅典城了，我们这边作战就少了一个威胁。

越：原来是"调虎离山计"。厉害！听说对方死伤十分惨重？

米：嗯，死了六千多人，我们的士兵把他们都埋在马拉松平原了。

越：啊，你们还帮敌人埋葬？

米：无论是敌是友，这是对战士最起码的尊重！也是我们作为希腊人应该守住的文明底线。

名人来了

越：（鼓掌）向希腊将士们致敬！——可我听说波斯也没领情，正加班加点地训练军队，准备给你们一次痛击呢！

米：我们也知道，波斯不会甘心的，随时会再次发动攻击。

越：那你们现在想到什么对应之策了吗？

米：我暂时没想到什么好办法。不过我的手下特米斯托克利倒是提了个建议，说我们没有舰队，要对付波斯，必须组建一支舰队！

越：噢，这个倒是可以试试。要是下次波斯从海上攻来了，也好有个准备。

米：不过，也有人说马拉松战役是以陆军取胜的，应该加强陆军建设才对。

越：这个好像也有道理。

米：（白了越越一眼）你怎么跟个墙头草似的？啥都对？

越：不然咋办，总吵来吵去也不是办法啊？

米：实在没办法，就只能动用陶片放逐制了，把那个意见不统一的人放逐出去，省得吵来吵去的，看着烦心。

越：这也可以？那谁会赢啊？

米：我估计是特米斯托克利吧。这个人口才好，也很有能力，我相信，他以后会成为一个伟大的人物，不是造福，就是作乱。

越：有这样的领袖不挺好吗？那看来，你们希腊虽然小，也不一定会输呢。

米：嗯，我相信希腊会取得最后的胜利！

越：嗯，共同期待。感谢您接受采访，咱们下次再见。

要想以少胜多，必须等待时机！

广告贴吧

强烈谴责希皮亚斯

希皮亚斯自从五年前被放逐后,竟然充当了波斯王的走狗。对于这种卖国行径,雅典政府将予以强烈谴责,并宣布:从此以后,希皮亚斯是整个雅典的敌人,雅典的大门永远不会为他敞开!

雅典政府

重金招聘造船工

为了有足够的实力与波斯人的舰队对抗,我们急需建造一支"超级舰队",现急需招聘一批造船设计师。

要求:熟悉波斯战舰,精通各种造船知识,经验丰富。

我们的口号是:用波斯人的技术,打败波斯!只要能造出比波斯人更好的战舰,待遇你说了算!

雅典海军部

处罚公告

近日,米太亚德病死狱中。按照雅典的法律,父亲死了,之前未缴清的罚款由儿子承担。若米太亚德的儿子西门没有偿还能力,则要和他父亲一样,关进狱中。

雅典陪审团

第 6 期

【公元前 480 年—公元前 449 年】

胜利属于全希腊

穿越必读

马拉松战役之后,波斯再次集结千军万马,准备把希腊彻底征服。以雅典和斯巴达为首的希腊联军团结一致,浴血奋战,最终把波斯人赶回了老家。

顺风快讯

危险！波斯又来了！
——来自希腊群岛的快讯

（本报讯）公元前480年，希腊又爆出了一个消息——大流士的儿子薛西斯为了实现父亲的遗愿，率领两路大军，又来攻打希腊了！

据说为了这场战争，他精心准备了四年，出动的军队也比上次多得多！

多到什么地步呢？

陆地上的军队占满了宽阔的道路，一眼望不到头；海面上的战船也是一艘连着一艘，一眼望不到边。而他们渡过赫拉斯滂海峡（今达达尼尔海峡）时，将所有的船连在一起，然后在船上铺上木板，用了整整七天七夜才全部走过去！

这么多的士兵，完全超出了希腊人的想象。因为希腊所有的人口加起来都没有这么多！随便出去一个跟他单挑，都是蚍蜉撼大树——不自量力。

这一次，希腊还能像上次一样化险为夷吗？

来自希腊群岛的快讯！

世界风云

斯巴达三百勇士，血战温泉关

大敌当前，希腊人生平第一次凑在一起开了个会，结成了同盟，由强大的斯巴达担任盟主。

会议决定兵分两路，一路对付海军，由雅典带头；一路对付陆军，由斯巴达的国王列奥尼达领军。

温泉关是波斯陆军到达雅典必经的一条通道，路的一边是山崖，一边是大海，关口极其狭窄，只能容一辆战车通过，可以说是"一夫当关，万夫莫开"。

列奥尼达的首要任务，就是带着七千人，守住温泉关！

薛西斯带着大军来到温泉关，见对方的兵少得可怜，就派人去劝列奥尼达投降，还

我对付海军！

我来对付陆军！

世界风云

说:"我们波斯兵多得数不清,光是射出的箭头就能把太阳遮住!"

列奥尼达的回答却是:"请!"

过了两天,又有人跟薛西斯汇报说,斯巴达人把兵器丢在一边,不是在做体操,就是在梳头发,一点打仗的样子都没有。

薛西斯觉得很奇怪,这帮斯巴达人在搞什么鬼呀?

这时,一个希腊俘虏告诉他:"这是斯巴达人的传统。每次大战前,他们都要先梳好头发,准备决一死战。"

薛西斯还是不甘心,又再次派人告诉列奥尼达,只要他愿意率众投降,就让他成为全希腊之王。

列奥尼达回复说:"为希腊战死更重要!"

这可把薛西斯气坏了,他立即下令,要活捉这些不知好歹的斯巴达人。

世界风云

可是斯巴达人死守着温泉关,波斯人根本上不去,骑兵和战车更是派不上用场,攻打了两天两夜,还是原地踏步。

就在薛西斯无计可施时,他的手下抓来一个当地人,得知有条小路能绕到斯巴达军队背后。薛西斯立刻命人连夜穿山渡河,绕到了斯巴达军队的背后。

列奥尼达知道受困后,为保存实力,只留下一千人与自己继续战斗。最后,他带来的三百名斯巴达战士几乎全部壮烈牺牲。

战后,薛西斯问希腊的战俘:"为何你们守关的人这么少?"

战俘说:"其他人都去参加奥运会了!"

"难道奥运会有什么特别的奖励吗?"

"获胜的人将会得到一顶桂冠。"

波斯人听了,简直不敢相信自己的耳朵:"天啦,他们竟然是为了一些虚幻的成就去奋斗,而不是为了钱!"

世界风云

雅典的"空城计"

温泉关失守，通往雅典的大门被打开了，几十万波斯人随时都可能冲进城来。该守还是该退？雅典人民惊慌失措，在广场上吵了起来。最后雅典人来到阿波罗神庙，想听听神的谕意。

可是，神却告诉他们："逃到木壁处。"

这是什么意思啊？雅典人听完，你看看我，我看看你，谁也不明白，于是又争论了起来。

有人说，神是指引他们到山上的树林里去躲避；还有人说，是不是要像特洛伊战争那样，造一匹很大的木马呀……他们一直吵来吵去，也没个结果。

这时，雅典的海军统帅特米斯托克利站了出来，他说："木壁指的就是船。"

原来，特米斯托克利算准了会和波斯有一场海上恶战，很早就创建了一支海军舰队，现在终于派上用场了。

大家一想，也对，这船不就是用木头做的吗？于是，大家听从特米斯托克利的建议，开始紧急撤离。

所有妇女、儿童、老人都被送去安全的地方躲避；所有男人都乘坐战舰，到萨拉米斯海湾集结，准备誓死一战！

波斯大军到达雅典后，发现城里的人已经都走光了，什么也没有留下。薛西斯一怒之下，命人放了一把火，把希腊这座最大、最富有的城市给烧了。

世界风云

请敌人来帮忙

一把火之后,波斯的战舰开始向萨拉米斯海湾涌过去。

萨拉米斯海湾是一条曲曲折折的海湾,最宽的地方不超过两公里。希腊的三百多支战舰就停泊在这个海湾里。而波斯的战舰有近千艘,是希腊的几倍!

怎么打?雅典人慌了。

有的说:"波斯这么厉害,我们跟他们讲和吧!"

有的说:"要不等奥运会结束了再打吧!"

特米斯托克利劝大家说:"海湾的水浅,波斯的战舰虽多,但舰体比我们的战舰大、吃水深,不适合在这里作战。我们要是把他们引到海湾,就能打败他们。但如果还没打,就要撤退,那大家会同归于尽!"

尽管他说得很有道理,但有些人还是心急如焚,要把船开回去,保卫自己的家乡。

特米斯托克利于是灵机一动,派自己的仆人,去告诉薛西斯说:"希腊的舰队听说雅典被占据了,吓得心惊胆战,正准备逃跑!别让他们跑了!"

薛西斯见到密信,高兴得发狂,立即下令将海湾的出口堵住,不准放过一条船。

希腊舰队无处可逃,只好退了回来,乖乖地接受特米斯托克利的指挥。

世界风云

萨拉米斯海湾，一个奇迹诞生的地方

第二天，一场轰轰烈烈的战斗在萨拉米斯海湾打响了！

放眼望去，波斯的船只又高又大，希腊的船又矮又小，根本就不是一个档次。

果然，波斯的舰队一追，希腊的船就开始拼命地逃。

薛西斯笑了，就这么几只小鱼小虾，哪里是大波斯的对手？他把大本营搬到了高山上，还让史官手拿纸笔，把这次伟大的胜利记下来。

特米斯托克利也笑了，因为他知道，一切都在他的股掌之中——由于海湾又浅又窄，波斯的大船挤在一块，根本开不动。原本被追着跑的希腊小船突然掉转头来，杀了个回马枪，"砰"的一声，狠狠地撞在波斯的大船上。

"天啦！"很多波斯士兵还没来得及反应过来，就横着飞了出去。好不容易站稳，"砰"的一声，又一阵巨大的撞击声……

世界风云

原来特米斯托克利给每条小船装上了用青铜包裹的撞角，只要撞上一下，对方的船即使撞不翻，也会被撞个大窟窿。

眨眼间，十几艘波斯的大船沉入了海底。

快到中午的时候，更可怕的事发生了——海面上突然刮起了一阵大风！波斯的船被刮得拼命摇晃。

希腊人趁机再次发起进攻，最后，干脆直接跳上了对方的甲板，与对方厮杀，还把波斯的统帅给杀了。

见对方如此凶猛，波斯人彻底崩溃，急忙升起风帆逃跑。

薛西斯看到这一幕，不敢相信自己的眼睛，问手下："我们这是输了吗？"

手下趴在地上，半天也不敢说话。

眼见败局已定，薛西斯在希腊留下一支陆军，灰溜溜地离开了。

据统计，这次战争，波斯总共损失了几百艘船，而希腊只损失了四十艘船。这不能不说是一个奇迹啊！

（注：第二年，希腊联军打败退守普拉提亚的波斯陆军，开始反攻。从此，波斯的舰队再也没有跨进爱琴海。）

奇幻漂流

活着比死了更难受

编辑老师：

　　您好！想必您听说了温泉关之战吧。人们都说，斯巴达三百勇士无一人生还。其实，还有一个幸存者，那就是我。

　　本来，那次战争我也是抱了必死的决心，誓与温泉关共存亡。可是，我突然害了眼疾，眼睛肿得睁不开，看不见东西。战友们为了保护我，让我撤到后方，才逃过一劫。

　　可是，当我回到家乡养伤时，人们都瞧不起我，不愿意跟我来往。我知道，在他们心里，我就是一个贪生怕死的懦夫！

　　现在的我，活着比死了还难受。我想，要不我自杀算了，这样我就可以早一点去见我的战友们了。

不愿透露姓名的幸存者

幸存者：

　　你好！对温泉关浴血牺牲的战士，我一直深感敬佩，也深表惋惜。得知你还活着，我由衷地为你高兴。

　　你不是懦夫，如果你怕死，当初就不会成为这三百勇士中的一个。人们不知道实情，才会对你有误解，这没什么关系。日子久了，这个误会自然会解开。

　　但如果你要因此去寻死，连我也瞧不起你！斯巴达的勇士，就算是死，也应该是光荣地死在战场上！不是吗？

　　所以，请收起你的眼泪，为保卫希腊、守护家园继续努力吧！

编辑 穿穿

（注：后来这名幸存者又加入希腊联军，在战争中牺牲了。）

自由广场

野兔与猎狗

古埃及人

真是意想不到啊，波斯号称百万大军，到最后竟然被小小的希腊给打败了！

谁晓得波斯军队是不是真的有那么多人，就算是有，也大多是些雇佣兵和奴隶。这些人天天被波斯人吆来喝去的，能真心实意为他们打仗吗？听说路上就饿死了很多，还有很多偷偷跑回家乡了。

色雷斯人

阿拉伯商人

猎狗追不上野兔，不是因为野兔跑得快，而是因为猎狗只是为自己的晚餐在跑，而野兔却是为保住自己的命而逃啊！
换句话说，波斯的士兵不过是为了薛西斯的野心而战，而希腊战士是在拼死保卫自己的家园啊。

是啊，希腊人本就不同，个个都是受过长期训练、英勇善战的士兵，特别是斯巴达，那可是著名的战士之城。哈哈，我看薛西斯输这么惨，就是太低估希腊了，被自己的自大蒙蔽了双眼。

意大利人

名人来了

特约嘉宾
特米斯托克利
（简称"特"）

越越
（简称"越"）

> 嘉宾简介：雅典"海军之父"，古希腊杰出的政治家、军事家。他能言善辩，且富有远见。在他的努力下，雅典建立了一支强大的海军，并依靠这支海军，打败了波斯帝国，创造了一个属于希腊人的奇迹。

越：大统帅您好，听说萨拉米斯海湾之战之后，波斯人又来挑事了？

特：嗯，他们贼心不死，在希腊留了一支军队。不过，还是被我们打败了！而且我们用的还是"空城计"！

越：啊，这波斯人怎么老是同一个地方摔跤？

特：可能是因为我们太弱小了，没把我们放在眼里吧。——不过下次这个空城计是万万不能用了，不能敌人一来，就往海上逃，用多了，就没有效果了。

越：不往海上逃，那就是往陆地逃了？

特：（摇头）那更不行，雅典三面环海，大海才是它唯一的出路。

越：那能怎么办？

特：我在想，能不能把雅典城区和一个海港连起来，修筑一道"滨海长城"，这样不但能防着波斯，也能防着斯巴达了。

越：啊，连斯巴达也要防啊？

特：要是没有波斯，斯巴达就是我们最大的敌人。迟早有一天，我们会跟他们有一场大战。

越：但他现在是你们的盟友啊！你这样防着他们，他们会不高兴吧？

特：他们当然不高兴，还说什么要是"长城"落入波斯人手里，反而成全了敌人，不让我修。

越：他们说的也没错啊，到时危害的是整个希腊！

特：（冷笑）他们那点小算盘瞒得了别人，瞒不了我。他们最强悍的就是陆军，如果没有城墙，最方便入

名人来了

侵雅典的就是他们！

越：那您要是现在和斯巴达闹掰了，反波斯同盟也会破裂吧？

特：嗯，这确实是个问题。所以，我采用拖字诀，一边跟他们谈判，一边悄悄地修"长城"。等到"长城"快修好的时候，他们不同意也没办法啦。

越：厉害呀，有您这么聪明的人在，雅典人什么也不用怕啦！

特：唉，其实我不怕波斯，不怕斯巴达，就怕我们自己人。

越：大家是一条船上的人，有什么好怕的？

特：唉，你不懂。他们说我刚把波斯赶走，就想对付盟友，是想做一个独裁者，所以现在正在盘算着将我放逐呢。

越：哦，还有这事？

特：我一心为雅典着想，他们却这样对我……唉，说出来都是泪。

越：那您顺着他们的意，不跟斯巴达作对不就好了？

特：（正色）那不是我的作风。我相信，他们现在不理解我，以后要是和斯巴达打起来，他们就会知道，我是对的。

越：以后？您要是现在被赶出去，以后连个落脚的地方都没有。

特：此处不留人，自有留人处。要是真有那么一天，我大不了去波斯！

越：啊，波斯？您把他们打那么惨，他们会收留您吗？

特：听说薛西斯已经死了，他的儿子还不错，应该不会为难我。

越：那如果他们要再次攻打雅典，要您配合他们呢？

特：你放心，雅典虐我千百遍，我待雅典如初恋。我是宁死也不会做叛徒的。真有这么一天，我就以死谢罪！

越：唉，那祝您好运吧。

（注：特米斯托克利投奔波斯后，公元前460年，波斯国王要求他带兵攻打雅典，70岁的他没有接受，服毒自尽了。）

广告贴吧

写在墓碑上的话

过往的人啊,
请带话给斯巴达人,
说我们在此地履行了诺言,
长眠在这里。

斯巴达三百勇士纪念碑

感谢特洛真城邦

在我们雅典人到处避难的时候,特洛真城邦打开城门热情地迎接了我们。他们不仅给我们提供了生活必需品,还额外聘请了老师,确保雅典儿童的学业不会中断。

在此,我们衷心地表示感谢。雅典人和特洛真人永远是好朋友!

雅典人民

100天,让你迅速成为辩论家

你想通过辩论一举成名吗?
你想快速掌握辩论技巧,提高你的演讲质量吗?
本课程将通过一对一的专业指导,提升你的辩论能力,让你能说、敢说、会说!招生火爆,目前只剩一个名额噢!

雅典辩论家培训中心

智者为王

智者为王第❷关

1. 《德拉古法典》有些什么刑罚?
2. 梭伦颁布了什么法令?
3. "陶片放逐法"是谁发明的?
4. 票数超过多少票的人,会被判放逐10年,才能回到雅典?
5. 《龟兔赛跑》《狼和小羊》是属于哪部作品里的名篇?
6. 公元前499年,雅典派出军队支持哪个城邦对抗波斯?
7. 波斯派来使者问希腊人要什么东西?雅典和斯巴达是怎么处理的?
8. 马拉松战役雅典的指挥官是谁?
9. 马拉松战役中的长跑健将是谁?马拉松赛跑有多少公里?
10. 马拉松战役中,斯巴达不立即出兵帮助雅典的原因是什么?
11. 斯巴达三百勇士在哪个地方和波斯军队血战?
12. 神告知雅典人会被什么所拯救?
13. 萨拉米斯海战中,希腊舰队的统帅是谁?
14. 希腊和波斯战争,谁取得了最后的胜利?
15. 特米斯托克利被放逐后,最后逃到了哪个国家?

智者无敌 王者为大

第7期

【公元前477年—公元前443年】

雅典人的黄金时代

穿越必读

希波战争结束后,希腊进入了历史上最辉煌、最灿烂的"黄金时代",而伯利克里就是创造这一时代的关键人物。在他执政的数十年间,雅典的政治、经济、艺术和哲学蓬勃发展。因此,希腊的"黄金时代"又被称作"伯利克里时代"。

顺风快讯

雅典执政官竟是斯巴达的粉丝
——来自雅典的秘密快讯

来自雅典的秘密快讯！

（本报讯）之前我们已经知道，雅典和斯巴达是两个完全不同的城邦，谁也看不上谁，虽然一起打过波斯，但战争过后，还是你走你的阳关道，我过我的独木桥，互不搭理。

公元前464年，斯巴达发生了一场大地震，损失极为惨重，大部分房子都塌了，死了很多人，备受剥削的希洛人还趁机发动叛乱。斯巴达顾不过来，只好向雅典这些邻居求援。

雅典人想让斯巴达尝尝苦头，不愿意出兵。

可雅典的首席执政官西门却是斯巴达人的粉丝，希望大家友好相处，还说雅典和斯巴达是套在一起的两头牛，斯巴达不好过，雅典也不好过。

大家于是同意了。

可是，雅典出兵以后，斯巴达又怀疑雅典军队会趁机捣乱，找了个借口，把他们打发回去了。

这不是热脸贴在冷屁股上了吗？

雅典人特别生气，说西门吃里爬外，把他列为最不受欢迎的子民，放逐了。

世界风云

从未被放逐的执政官

赶走西门后,雅典人又重新选了个执政官,叫伯利克里。

伯利克里的长相非常特别,一颗头又长又大,有人甚至开玩笑说他的脑袋里可以放下十一张床。

伯利克里听了,也从不生气。他性格温和,头脑冷静,举止也十分优雅,即使是遇到反对他的人,也从不会责骂,更不会随便抓人。

有一次,有个人跟在他后面骂他,一直骂到他家门口,他也一声不吭。等到家门口,见天色已晚,他还让仆人打着火把,把那个人送回了家。

虽然出身贵族,但他经常站在平民这边,为百姓说话,常常和普通老百姓面对面交谈,听取他们的意见。

人们常说,伯利克里熟悉的路只有两条,一条是去往议事厅,另一条是去往市场。

至于那些贵族亲友的饭局,他都一概谢绝。有人统计,在他当权的十

世界风云

几年里,他几乎没有参加过别人的宴会。唯一参加的一次,是侄儿的婚礼,却也是不等吃饭就匆匆离开了。

此外,伯利克里的口才也无人能及。有人说他演讲时,像电闪雷鸣一样令人震撼,好像舌头上面装了一根可怕的霹雳。

有一次,斯巴达国王问他的一个反对派:"你和伯利克里谁更厉害啊?"

那人风趣地说:"我把他打倒了,但是他说他没有被打倒,结果观众被他说服了,所以应该是他厉害一些。"

当然,伯利克里并不是一个光会说不会干的人。自公元前462年开始,伯利克里就实行了一系列改革,得到了许多人的拥护。

雅典城在希波战争中,曾被两次洗劫,破坏十分严重。

世界风云

伯利克里上台后,聘请许多优秀的雕塑家、建筑师以及各行各业的能工巧匠,将雅典重修了一番。

市民们嫌他花钱太多,对此十分不满。

伯利克里说:"那以后工程费就由我个人来出吧!不过我有一个请求,那就是在神殿的正面刻上我的名字,大家没意见吧?"

这下,大家就无话可说了,还一个劲地嚷道:"你尽管用,花得一个子儿不剩也行。"

当一座比以前更漂亮、更壮观的雅典卫城出现在大家面前时,不光是雅典人,就连其他希腊人也是赞不绝口。

由于廉洁奉公,刚正不阿,伯利克里连续15年当选首席执政官,一次也没有被放逐过。

世界风云

最美的雕像，最伟大的雕刻家

希波战争后，雅典人认为，能战胜波斯，是雅典娜的功劳。要重建雅典，必须要建一座像样的神庙，供奉她。因为雅典娜还有一个称呼叫"帕特农"，所以这座神庙又叫帕特农神庙。

帕特农神庙建立在卫城的最高处，由白色的大理石砌成，光彩照人。负责这项伟大工程的是伯利克里的好友——菲迪亚斯。

菲迪亚斯既是一个画家，也是一个雕刻家，二十多岁的时候就已经小有名气。不过真正让他出名的却是神庙里的雅典娜神像。

这座神像有十几米高，由黄金和象牙雕刻而成，眼睛则是用宝石镶嵌，华丽无比。据说光她身上穿着的长衫，就消耗了两千多磅的黄金。

我的作品一定会流传于世！

世界风云

见过它的人都说,帕特农神庙是世界上最美的建筑,雅典娜神像是世界上最美的雕像。

然而,当菲迪亚斯向雅典政府索要薪酬时,财务官却刁难他说:"你做的雕像都站在屋顶,人们只能看到前面,又看不到后面,我只能付给你雕像前面的费用,后面的就不能付了。"

"你错了。"菲迪亚斯反驳说,"上帝看得见。"

雅典娜神像让菲迪亚斯出了名。后来,他又雕刻了一座宇宙之王——宙斯的神像,耗时16年的时间才完成。宙斯神像也是由黄金和象牙雕刻而成,气势威严,衣着华贵,右手托着胜利女神,左手拿着鹰头权杖,比雅典娜神像更高,更大,更精致,人们对这个杰作赞叹不已,把它称为古代世界的七大奇迹之一。

可惜的是,不久,这位伟大的雕刻家却被投进了监狱。有人

世界风云

指控他，说他把自己的头像和好友伯利克里的头像刻在了雅典娜的盾牌上面，还贪污了黄金和象牙。

真的是这样吗？

当然不是。事情的真相是，伯利克里的反对者想找个机会打击伯利克里，菲迪亚斯受到了牵连而已。

最后，这位伟大的雕刻家不幸死在了监狱中。

编者注：希腊建筑常常使用各种各样的圆柱，有多利克式，有爱奥尼亚式，还有科林斯式。多利克式的柱子顶端像个圆盘，圆盘上面有个方形的盖子，朴素大方，比如帕特农神庙就是这种。爱奥尼亚式的柱子顶端像个枕头，两旁的花纹像一圈一圈的卷发，看起来像女孩子一样秀美，雅典人传统的柱子多半用的就是这种。科林斯式的柱子顶端雕刻着像花篮一样的花纹，装饰也更为华丽。不过，除了这几种，希腊人偶尔也会用巨大的人像来代替圆柱，支撑着巍峨雄壮的神殿。

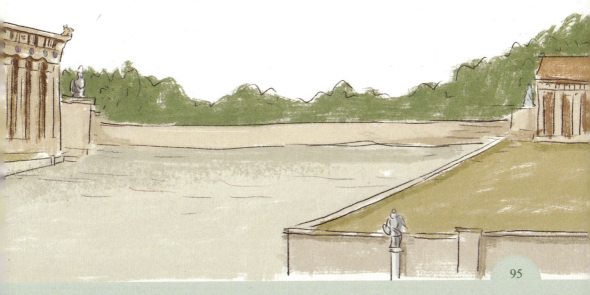

爱看戏的雅典人

传说，宙斯有个儿子叫狄奥尼索斯，常常坐着黑豹拉的车子来到人间，教人们种葡萄和酿制葡萄酒。人们为了感谢他，就在每年三月设立了一个酒神节。

每到这个时候，人们就会为酒神举行盛大的祭祀仪式，在仪式上演员会给大家表演一些节目，通常是先演三出悲剧，再演一出喜剧。

除演员外，还有两个乐师，一个负责吹笛子，一个负责弹竖琴，还有一支12人的合唱队。演员们表演时，都戴着面具，高兴的时候戴"微笑"的面具，悲伤的时候戴着"痛苦"的面具。

剧院一般都是露天的，多半建在山脚下，很大，可以容纳一两万人。观众席则环绕着舞台，顺着山坡建造。

虽然剧院有这么大，但每到了酒神节的时候，这一天还是非常拥挤。每天天没亮，人们就头戴花冠，身穿礼服，带着坐垫和食物来占座。人特别多的时候，还需要半夜去占座呢！

尽管如此，剧院却很少发生踩踏事件。因为法律规定，每个人都有看戏的权利，穷人还可以免费看戏。谁要是推推搡搡，不守规矩，就会受到严厉的处分甚至被处以死刑。

人们一面吃着水果，一面喝着葡萄酒，一面看戏。戏越好看，人们吃掉的东西就越多。

那次第，怎一个"爽"字了得啊！

（注：希腊的悲喜剧、印度的梵剧、中国的古典戏曲合称为"世界三大古老戏剧"。）

自由广场

三个写悲剧的大师

号外号外,欧里庇得斯的新戏剧《美狄亚》要开演了!这人第一次参加比赛时,得的是最后一名,观众都向他扔垃圾呢!之后将近二十多年没动笔。熬了这么多年,现在终于出来一个佳作了!

某铁匠

某铸工

我还是喜欢看"悲剧之父"埃斯库罗斯的《被缚的普罗米修斯》。一看到普罗米修斯因为为人类盗取天火,被宙斯惩罚,绑在悬崖上,天天忍受神鹰啄食自己的内脏,我就想哭!

埃斯库罗斯?算了吧,他可是索福克勒斯的手下败将哦。看索福克勒斯的代表作《俄狄浦斯王》,总有一种被命运扼住喉咙的感觉,那才是悲剧中的典范呢!

某陶器师

某号犯人

我还是喜欢欧里庇得斯。埃斯库罗斯喜欢写神,索福克勒斯喜欢写英雄,只有欧里庇得斯关注的是女人,而且是地位低下的女人,这简直是悲剧界的一股清流啊!

哎,我觉得三个都不错,要不怎么会并称为"希腊三大悲剧大师"呢!不过,这悲剧也太多了,希望以后能多点喜剧吧!

某漂染工

奇幻漂流

雅典将陷入战争的陷阱

编辑老师：

　　你好。我是雅典的海军指挥官修昔底德（后成为雅典十将军之一）。我从小在雅典长大，伯利克里的演说，戏剧大师的戏剧，哲学家的思想，希罗多德的历史著作，都曾对我产生极大的影响。

　　不可否认，我生活的时代是雅典最好的时代。现在，雅典的势力也一天比一天强大，甚至被人称为"海上帝国"。

　　但我认为这并不是一件好事，当一个国家越来越强，威胁到另一个国家的地位时，一定会引起另一个国家的恐惧。到那时，双方势必落入战争的陷阱，引发一场灾难（即"修昔底德陷阱"）。现在雅典和斯巴达的关系越来越差，我想这场战争很快就要来了，你觉得呢？

修昔底德

修昔底德：

　　您好。我的想法和您一样，雅典和斯巴达很快将面临一场恶战！这将是希腊人历史最严重的一次大动乱，几乎全人类都会受到影响！

　　当然，这也会是一场伟大的战争，比过去曾经发生的任何一次战争都有记载的价值。如果您有时间，不妨把它记录下来。

　　不过，我还是希望这样的"陷阱"不要出现，战争一旦开启，受苦的还是老百姓。让我们珍爱和平，远离战争吧！

　　（注：后来，修昔底德用客观、平实的手法写了一部伟大的史书《伯罗奔尼撒战争史》。）

名人来了

特约嘉宾
伯利克里
（简称"伯"）

越越
（简称"越"）

嘉宾简介：雅典最伟大的政治家，廉洁奉公，刚正不阿，沉着冷静，精力旺盛，思想开明，不仅重建了雅典的物质世界，还重建了雅典的精神文明，让雅典在世界上大放异彩。

越：将军，您好。呃……这么大热天，您为何还戴帽子呢？

伯：（略尴尬）这个……我怕不戴的话会吓着你。

越：（立刻醒悟）啊，不好意思。（赶紧转移话题）听说雅典的官员们都是没有薪水的，就连当兵也是自己出钱买马买兵器，这是真的吗？

伯：是真的，所以以前能当官的都是有钱人。现在我们规定，公民大会是雅典最高的权力机关。除十将军外，所有男性成年公民都可以在大会上通过抽签的方式参选一切官职。

越：那穷人没钱，选上不也白搭吗？

伯：那也是以前，现在凡是选上的官员，包括军人都由国家支付薪水，做一天就能领一天薪水。

越：每日一结？不错呀，那我可以去吗？

伯：这个……女人、未成年人以及外邦人都没有这个资格。

越：好吧。不过您做了这样的好事，我却还听到有人说您坏话呢！

伯：哦，什么坏话？

越：我说了您别生气啊。

伯：（微微一笑）你什么时候听说我发过脾气？

越：那我说了啊。有人说，您这么做，是为了收买民心……

伯：我为什么要这么做呢？

越：因为您的对手很强大。比如西门，虽然他和您势同水火，但他对老百姓是极好的，每天给穷人们送吃的，给老年人发放寒衣，还允许大家去他的庄园随

名人来了

便摘水果。

伯：这有什么了不起吗？

越：这些花的都是他自己的钱啊。而您拿出来的钱，什么陪审费啊，补助啊，津贴啊，听说都是公款！

伯：公款也是花在公民身上，我又没有中饱私囊。这有什么问题吗？

越：……好像没毛病。

伯：今天的雅典能成为全希腊的学校，雅典人的生活能变得这么美好、舒适，都是要花钱的。

越：嗯，我在雅典的这段时间，不是看画展，就是看比赛，确实过得很惬意。

伯：若没有这样的日子，怎么会吸引那么多的哲学家、艺术家和诗人来呢？

越：这些人大都是您的朋友吧？

伯：但他们并不是冲着我个人来的，而是整个雅典。

越：那倒是。本来报社要派我去斯巴达，我自己要求来雅典的。斯巴达的生活太残酷了，简直不是人过的呀！

伯：（冷笑）他们怎么能跟我们比？一群莽夫！以为最严厉的训练，可以培养出最勇敢的人。我们没他们那么严厉，但危机来临时，我们雅典人比他们差吗？

越：嗯，他们的训练方式我也不敢苟同。

伯：真正的训练不是通过每天锻炼，通过法律强行产生的，而是来自每个人在日常生活中的一言一行。

越：说得太对了。这就是雅典能够超越斯巴达的地方。

伯：我有种预感，我们跟斯巴达马上就会有一场大战了。

越：唉，修昔底德也这么说。看来老百姓又要遭难了。

伯：你放心，只要我执掌大权，我们雅典就不会倒下去。

越：那……那如果您死了呢？像您这样的官员可不多。

伯：（沉吟片刻）那就只有时间才能告诉我们答案了……

越：……

广告贴吧

关于调整贡金的通知

自从和伯罗奔尼撒同盟开战以来,同盟的开销巨大。为维持同盟的正常运转,现将每个同盟国每年缴纳的贡金从460塔连特(1塔连特是1500个"猫头鹰"银币)上调到600塔连特。即日起执行,请大家及时缴纳。

提洛同盟

收购《掷铁饼者》

《掷铁饼者》是著名雕塑家米隆的代表作。该作品充满了连贯的运动感和节奏感,把人体的和谐、健美和生命的力量表达得淋漓尽致,堪称艺术创作的典范。如有哪位收藏,本中心愿出高价购买,非诚勿扰。

希腊当代艺术收藏中心

宙斯神庙修建工程正式启动

伟大的宙斯神庙(其中的宙斯巨像后被誉为世界七大奇迹之一)修建工程终于正式启动了!(注:公元前470年修建,公元前456年竣工)我们请来了当代最好的建筑设计师和最好的雕刻家,采用的大量石料,也是从远在千里之外的海岛取运。

相信在这样的地方献祭,我们的天神一定会非常满意。

宙斯神庙修建处

第 8 期

【公元前 449 年—公元前 404 年】

两个冤家

穿越必读

为了争夺希腊的霸权，雅典和斯巴达进行了长达 27 年的战争。这场旷日持久的战争，几乎把所有的古希腊城邦牵扯了进去。这就是古希腊有名的大战——伯罗奔尼撒战争。

希腊人打成一团
——来自希腊半岛的加密快讯

（本报讯）公元前449年，希腊海军打败波斯海军。希波战争彻底宣告结束。

这时，希腊城邦已经分成了两个同盟。一个以斯巴达为首，叫"伯罗奔尼撒同盟"（斯巴达位于伯罗奔尼撒半岛上）；一个认雅典为老大，叫"提洛同盟"。

提洛同盟原是为了对抗波斯成立的。每个同盟国都交了一笔钱，作为加盟费，放在提洛岛上的阿波罗神殿，由雅典保管——据说雅典人就是用这笔钱来重建了自己的城市，让雅典成了全世界最美丽、最发达的文明城市。

斯巴达眼睁睁地看着雅典一天比一天好，本来就十分眼红。可雅典人还像开了屏的老孔雀一般，四处炫耀，甚至逼着同盟国向它纳贡，企图称霸整个希腊世界。这让斯巴达人怎么受得了呢？所以这些年来，双方就一直争斗不断。

估计他们自己都没想到，波斯人一走，希腊人自己却打成了一团，唉！

来自希腊半岛的加密快讯！

世界风云

瘟疫！瘟疫！瘟疫！

公元前431年，斯巴达向雅典发起了进攻（因为斯巴达和他的盟友大多住在伯罗奔尼撒，所以这次战争叫伯罗奔尼撒战争）。

一个是海上霸主，一个是陆地英雄，双方又有这么多朋友助阵，这一打，几乎把所有的希腊城邦卷了进来。

雅典虽然拥有一流的海军，在陆地上却不是斯巴达的对手。所以，伯利克里让所有的雅典人住进了雅典城，不准和斯巴达人硬拼。

斯巴达攻不破城墙，只好放火烧了雅典城的周围地区，但雅典人还是死也不出来。双方陷入了僵持状态。

可就在这时，雅典却突然暴发了一场不知名的大瘟疫，死了很多人。往往还来不及给这个人办丧事，另一个人就死了，门口、街道、市场到处都是尸体。医生们对此也是束手无策。

这时，雅典人就把气撒到伯利克里身上，说什么不该打仗，还剥夺了伯利克里的职务，罚了他一笔钱。

可没有伯利克里的雅典，就像一群无头苍蝇，更加不知道该怎么办。人们只好再次推选他为执政官。

不幸的是，由于亲自护理病人，伯利克里也不幸染上了瘟疫。

临终前，大家流着泪，称赞他为雅典立下的功绩。伯利克里却说："我这一生，没有什么让人称赞的，唯一让我欣慰的，就是你们今天为我流的眼泪了。"

世界风云

陶片放逐法被废除了

伯利克里去世以后，雅典就分成了两派。

一派说，干脆和斯巴达讲和吧，叫鸽派；另一派则说，不行，无论如何要打下去，叫鹰派。

两派吵啊吵，斗啊斗，往往是第一天把军队派出去了，第二天又把人家撤了回来。

公元前421年，雅典和斯巴达又打了一次，结果两军统帅都战死了。于是双方坐下来谈判，签了个和约，约定双方退出各自所占领地，五十年之内不再打仗。

这本来是好事，可惜的是，双方都没有履行诺言，谁也不愿意交出土地。

世界风云

这里面,自然少不了鹰派的"功劳"。

鹰派的首领亚西比德原是伯利克里生前收养的一个孩子,和伯利克里一样,又能干又会说话,却特别爱出风头。

有一次奥运会,他一个人驾着七辆马车参加马车大赛,还获得了冠军。还有一次,他把家里一只漂亮的小狗的尾巴砍掉了,有人指责他,他却笑着说,他就是希望别人来讨论这件事。

这样的人,不用说,巴不得天天发生战争。就是他,使尽各种手段把合约搅黄了。

鸽派的头儿因此特别讨厌他。两人一言不合,就向对方开炮。

雅典人见他们两派闹得太过分了,影响雅典安定团结,一合计,一个巴掌拍不响,轰一个出去!于是又准备动用陶片放逐法,

世界风云

把其中一个送出去。

这下好了，两人成了同一条绳上的蚂蚱，也不闹了，凑一起一商量——怎么办？找个替罪羊！

赶巧这时正好有个人跳出来，嚷嚷着赶走他们其中一个，他就可以和剩下的那个平起平坐了。

这真是天上掉下来的大馅饼。于是，两人团结一致，一鼓作气，把那个人给放逐了。

一开始，雅典人还偷着乐，回头一想，不对啊，这放逐的一般都是尊贵的大人物，一个名不见经传的小人物怎么受得起呢？

大家越想越不对味，于是，从此就把陶片放逐法给废除了。

西西里惨败，怪月亮？

公元前416年，雅典人又召开了一次公民会议。在亚西比德的鼓动下，大会通过了一项危险的计划——远征西西里。

雅典人是这么想的：西西里岛上的城邦是斯巴达的盟友，又是个大粮仓，如果能占领西西里岛，那可是一箭双雕。

然而，亚西比德刚登上西西里岛，就接到一个命令，要他马上回国接受审查。

这是怎么回事呢？

原来，大军出发的前夜，雅典城里的大量神像不知怎么的，突然被毁，许多人因此掉了脑袋，亚西比德也是嫌疑人之一。

亚西比德害怕回去也是死路一条，于是半夜逃到斯巴达，告诉他们，雅典这次出征，其实是"醉翁之意不在酒"，在斯巴达。斯巴达听了，赶紧急哄哄地赶去给西西里人帮忙。

主帅跑了，西西里人又多了个助手，雅典军队于是决定撤退。

当天晚上，天空出现了月食，正是撤退的好时机。

然而，雅典人却认为这是个坏兆头，要求大家等到满月时再撤兵——就像当年，斯巴达不到满月不肯出兵一样。

这一停，无疑是把雅典军队直接送上绝路。因为没有及时撤退，最后雅典全军覆没，战舰全部损毁。

从此，雅典丧失了海上所有的优势。

自由广场

死人比活人还重要

雅典士兵甲

太好了,前些日子(约公元前406年),我们雅典重整旗鼓,聚集了所有的海军力量和斯巴达进行决战,终于取得了胜利!这么久没打胜仗了,政府应该会嘉奖我们吧?

雅典士兵乙

奖励?你在做梦吧?你不知道吗,政府把那些在战争中立下汗马功劳的将士给处死了,说他们没有打捞战死士兵的遗体!

雅典士兵丙

天啦!难道这死人比活人还重要吗?现在是雅典最危急、最需要用人的时候,我们却自己消灭掉一批最有经验的指挥官,这不是把胜利拱手送给别人吗?

某织工

我也看不懂。这是公民大会集体决定的事情。你知道的,公民大会最大,他们做什么决定,大家只有服从的份儿。看来,这样的民主有时也不是什么好事情。

雅典某哲学家

唉,现在斯巴达人和波斯人都联合起来对付我们,要置我们于死地。我们内部却还在吵来吵去,自相残杀!这样下去,雅典是没救了!

没有永远的朋友，只有永远的利益

编辑老师：

您好！我是雅典的将军科农。斯巴达人把我们围困在城里已经几个月了。现在，我们弹尽粮绝，很多士兵和百姓都活活饿死了，惨不忍睹！我多么希望，此刻有人能向我们伸出援助之手啊！

以前我们雅典强盛的时候，很多城邦跑来和我们做"好朋友"。可是现在，当我们雅典处在绝境当中，这些"好朋友"却躲得远远的，没有一个前来帮助我们。真是让人寒心啊！

难道我们雅典这次真的无路可走，只能灭亡了吗？

雅典将军科农

科农将军：

您好！您有没有听说过这样一句话，"没有永远的朋友，只有永远的利益。"

没错，之前你们是有很多好朋友，可是，你们把大家绑在自己周围，不过是为了控制他们，扩大自己的实力，最后还把他们扯进了这漫长的战争当中。他们何尝不是苦不堪言呢？

现在大家都是泥菩萨过江——自身难保，即使想救你们，也是有心无力。

现在，这仗打了二十多年了，也该停了。为了雅典的百姓，我建议你们还是投降吧。只要你们主动示弱，斯巴达应该不会对你们赶尽杀绝的。

编辑 穿穿

（注：公元前404年，雅典宣布投降，斯巴达取得了希腊霸权。）

名人来了

特约嘉宾 **亚西比德**（简称"亚"）

越越（简称"越"）

> 嘉宾简介：雅典将军。聪明、自我，为了自己的利益，背叛过雅典，也背叛过斯巴达。但就是这么一个人，却依仗自己的才能，成为多次打败斯巴达的大英雄。

越：您好，将军，这一次雅典又输了，您知道吧？

亚：（叹气）唉，我早就料到了。在这之前，我警告过他们，劝他们转移阵地，他们就是不听，有什么办法呢？

越：那他们为什么不听您的呢？您想过吗？

亚：一个字——蠢！这些人好像自己没头脑，碰见什么事就开会，开会，开会，等他们开完会，再好的机会都溜了！

越：这么说，您觉得雅典的民主制度不好吗？

亚：有什么好的？一大帮人，说你好你就好，说你坏你就坏，说翻脸就翻脸，你不觉得很恐怖吗？

越：可大多数人因此有了发言的权利啊，我觉得挺好啊！

亚：这要是平常，大家吃着饭没事干，也就算了！但这是战争时期，非常时期！

越：战争时期又怎么了？

亚：你知道我为什么没能参加最后一次战争吗？

越：听说是因为您打了一次败仗，雅典人就把您撤了，换了个新将军。

亚：说起这事我就窝火！关键时刻，就因为一次小小的败仗，一个统帅，他们居然说换就换！还说这是大多数人的决定！大多数人不懂打仗好吧？

越：也对，胜败乃兵家常事，打了败仗就换人，确实不太妥当。

亚：再说，打了败仗能怪我吗？他们不给我钱，那些看钱办事的雇佣兵全跑到斯巴达去了！我没钱又没兵，能怎么办？我也很绝望啊！

名人来了

越：他们不给您钱？没钱怎么打仗？是不是他们故意整您？毕竟您有前科，曾经背叛过雅典。

亚：说起这事我就更来气。当年是我自己带兵出征，怎么可能做这种触霉头的事！这事明摆着有人在诬陷我，要置我于死地！如果我回去了，那才是自投罗网！

越：那您也没必要出卖雅典的军情吧？背叛祖国是可耻的！

亚：（恨恨）哼，他们不仁，我就不义！

越：好吧，那您为什么后来又背叛收留你的斯巴达呢？

亚：那是因为斯巴达人嫉妒我，要把我杀了。我可不想坐在那里白白等死！

越：所以，您又投靠了波斯，向他们建议，让雅典和斯巴达两败俱伤？

亚：我也是为了活命！

越：您口才真不错，说什么都有理。现在我明白了，为什么雅典人最后能原谅了您，信的就是您这张嘴吧？

亚：你太天真了。口才固然重要，但要不是我帮他们打了几场大胜仗，他们才不会原谅我呢！

越：唉，这一仗打得太久了，大家都厌倦了。要是伯利克里看到雅典变成这副模样，一定会爬出来痛哭吧！

亚：痛哭？不会！他可能会写一堆的报告，向雅典人民隆重汇报，哈哈！

越：唉，其实雅典亡了，斯巴达也好不到哪去。本是同根生，相煎何太急啊！

亚、越：（齐声）唉！

打倒斯巴达！

广告贴吧

希罗多德出《历史》了

当代著名历史学家希罗多德的《历史》一书,记载了西亚、北非和希腊的历史地理,全景式地展现了整个社会面貌。该书文笔优美,像散文一般耐读,可以说是人人必读的史学宝典。

本店现有少量存货,欲购从速。

雅典历史书坊

感谢希波克拉底医生

一年前,马其顿(希腊半岛北部的国家)的希波克拉底医生冒着生命危险来到雅典,挽救雅典人的生命,帮助我们消灭瘟疫。这种舍己为人的精神值得我们所有人学习。

在这里,我们要真诚地和希波克拉底医生说一声"谢谢您!"

雅典人民

求制陶工作一份

本人是一名制陶工,擅做各种各样的陶器,还会在陶器上画画。因为战争,被迫来到底比斯,希望能在此找一份工作,不求报酬多少,只要能吃饱饭,有地方住就行。有意者请到东头的茅屋来找我。

某制陶工

第 9 期

【公元前 404 年—公元前 322 年】

三个哲学家

穿越必读

在古希腊历史上,苏格拉底、柏拉图、亚里士多德并称为"希腊三贤"。他们三人在古希腊文学、艺术、哲学领域做出的非凡贡献,至今仍影响着全世界。

顺风快讯

苏格拉底被判处死刑
——来自雅典法庭的加密快讯

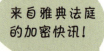
来自雅典法庭的加密快讯！

（本报讯）斯巴达占领雅典后，雅典一片混乱。公元前399年，雅典法庭公开审理了一起案件。

案件的被告叫苏格拉底，是雅典有名的哲学家。很多人认为，他是当今世界最智慧也最高尚的人（后人称他为西方的"孔子"）。

可就是这么一个有名望的人，却被人告了，说他散播不好的学说，危害国家安全。

因此，前来听审的公民很多，有贵族，有哲学家，还有漂洗羊毛的，做鞋的，盖房的，打铁的，种田的，做买卖的……

审判的结果，苏格拉底被判有罪。依据雅典的法律，苏格拉底如果这时提出，用另外一项处罚来代替死刑，比如流放或者监禁，只要半数以上的人通过就可以实行。

然而，苏格拉底申辩道："我没有罪！如果要处罚我，那就罚我进元老院吧！"

结果，可能是这个举动激怒了法官。最后，苏格拉底被判处死刑，关进了监狱。

自由广场

死是为了维护法律的威严

瓷器坊老板

听说苏格拉底在牢里喝了杯毒酒,死了!本来他的朋友们买通了狱卒,要救他出来,他却拒绝了。宁可死了,也不愿逃出来,这是为什么呢?

因为他认为,法律就是人民的契约,不管对与错,都要遵守。如果他逃走了的话,法律就没有威信可言了。所以,他宁可死,也不愿意践踏法律的威严。

雅典学校老师

雅典士兵

唉,品德这么高尚的人,怎么会是这种结局呢?
听说他临死前,还对前来探望他的朋友说,他吃过邻居家一只鸡,还没来得及付钱,请帮忙付清。唉,好人不长命啊!

这样的人都会被判死刑,可见雅典确实像他所说,是匹昏睡的骏马,需要他这样的牛虻,时时叮,日日叮,才会清醒啊。

某老师

某哲学家

为了自己的思想而死,苏格拉底也是死得其所了。我们要向他学习!

绝密档案

苏格拉底,智慧的"催生婆"

众所周知,雅典人喜欢漂亮的脸蛋、美丽的雕像等一切美丽的事物。但作为最受雅典人欢迎的哲学家,苏格拉底却跟美丽一点都沾不上边。

见过苏格拉底的人都知道,他长得很不好看,塌鼻子,厚嘴唇,大肚子,小个子。

他的父亲是个石匠和雕刻匠。年少时,苏格拉底跟父亲学过手艺,但这不是他的志向。他喜欢《荷马史诗》和其他著名诗人的作品,靠自学成了一名很有学问的人。

三十多岁的时候,苏格拉底做了一名不收学费的老师。许多人常常聚集在他周围,跟他学习,向他请教。

老师,我们想跟您学习!

绝密档案

有趣的是，苏格拉底并不认为自己有多么博学。相反，他认为自己是一个很无知的人，经常说："我什么都不知道啊！"

正因为这样，他总是很少回答问题，而是不断地提出问题，让人们自己去寻找答案。比如：

苏格拉底："骗人对不对？"

学生："当然不对。"

苏格拉底："那欺骗敌人对不对？"

学生："哦？我说的是对朋友，不是敌人。"

苏格拉底："那如果在战争中，军队统帅为了鼓舞士气，对士兵说，援军就要到了，但实际上并没有援军。这样骗人对不对？"

学生："哦？那当然是对的。"

这样的问话，常常让学生觉得非常困惑，也常常让他们产生新的想法和见解。苏拉格底也说自己是个催生婆，催生的不是婴儿，而是知识与智慧。

苏拉格底还认为，会种田就是一个好农夫；会治病就是一个

好深奥啊！

老师开始讲课了！

绝密档案

好医生，能够胜任本职工作的人，就是最优秀的人。

管理国家的人，不应该是有权人或是有钱人，也不应该是一些被选举出来的人，而应该是有经验、有知识、有才干的人。

苏格拉底被认为是雅典最有智慧的人，不论他走到哪里，在他的身边，总是聚集了很多人，跟他学习，向他请教。就连大将军亚西比德也是他的好朋友。

但他的生活却过得十分简朴。无论酷暑严寒，他都穿着一件普通的单衣，经常不穿鞋，对吃饭也不讲究。他似乎不注意这些，只是专心致志地做学问。

如此优秀的老师、学者和伟大的哲学家，却以这样的方式结束了自己的一生，真是令人扼腕叹息啊！

奇幻漂流

回雅典，还是去斯巴达

编辑老师：

您好！我是苏格拉底的弟子色诺芬。自从老师死后，我就特别讨厌雅典人，为了远离他们，我参加了波斯王子小居鲁士的希腊雇佣军。

没想到，小居鲁士想推翻波斯国王，自立为王，利用我们去和波斯国王打仗。结果，他自己战死了，我们却被扣上了"反叛"的帽子。幸好我聪明机智，才带着大家躲过追杀，平平安安地回到了希腊（史称"色诺芬长征"）。

可是我心里一点都高兴不起来，因为我不想回雅典。最近，我结交了一个好朋友，他就是斯巴达的国王阿格西莱。他邀请我去斯巴达定居。作为一个雅典人，我该不该去呢？

色诺芬

色诺芬先生：

您好！如果您有过死里逃生的经历，还不肯回雅典，说明您对雅典已经失望透顶。既然如此，您又何必纠结呢？"海阔凭鱼跃，天高任鸟飞。"是金子，在哪里都会发光的。

编辑 穿穿

（注：此后，色诺芬在斯巴达安了家，专心写作。因为参加了斯巴达对雅典的战争，被雅典人当作叛徒放逐。直到公元前369年，雅典和斯巴达和好，才得到雅典的特赦。）

世界风云

不懂几何，这个学院进不了

苏格拉底的死，对一个人的打击很大，那就是他的学生柏拉图。柏拉图20岁就拜苏格拉底为师，跟他学习了10年。

老师死后，柏拉图对雅典心灰意冷，开始漫游世界，先后到埃及、意大利、西西里等地考察学习。

12年后，他又回到了雅典，这时，他的脑袋里已经有了一个伟大而惊人的计划——那就是建立一个最有秩序、最理想、也最完美的国家！

为此，他写了一本书，叫《理想国》。他说理想中的国家应该是这样的：城邦的大小要适中，不能太大，太大不容易管理；也不能太小，太小的城邦很难建立威信。理想国的大小应该是，站在中心的高塔上，刚好可以将整个城邦尽收眼底。

理想国的最高统治者，应该是最具有智慧的人。而最智慧的人是谁呢？当然是最优秀的哲学家。

理想国的公民分为三部分，分别是卫国者、士兵和普通人三个阶级。这三个阶级各管各的事，卫国者负责管理国家大事，士兵负责保卫国家，普通人做和自己身份相符的事，手工业者只管做工，商人只管做生意，农民只管种田，平民不能参与国家大事。

而且每个人属于哪部分人，他的后代也属于哪部分人，世世代代不能改变。

世界风云

他甚至还主张取消家庭,孩子一生下来就让他离开父母,交给专人培养,这样才能把孩子培养成优秀的后代。

可惜,不管他怎么宣传,理想国多么美好,却没有哪一个国家愿意做这样的实验。甚至有一次,他在四处游说的时候,被奴隶贩子抓住,卖到了奴隶市场。幸亏有个朋友得到消息,花重金将他赎了回来。

经过这次劫难,柏拉图觉得,他的理想国不能实现,不是"理想"有问题,而是人们缺乏知识。

于是,他在雅典的城郊创办了一所学院,招收一些贵族子弟入学,学习数学、天文、音乐、哲学方面的知识。他还在门口挂了一块牌子:"不懂几何者,不得入内"。

也就是说,没有几何学的知识,是没有资格登上柏拉图的哲学殿堂的。

不过,直到现在,柏拉图的理想国还是没有实现。

世界风云

一部行走的百科全书

老师，我有不同看法！

在柏拉图学院，柏拉图有个学生叫亚里士多德。这个人勤奋刻苦，涉猎广泛，是个标准的好学生。

然而，和一般好学生不同的是，亚里士多德虽然也很尊敬柏拉图，却在很多问题上，有自己的看法，经常在课堂上和柏拉图争得面红耳赤，比如：

柏拉图认为，先有了房子的理念，才有各式各样的房子；先有了鞋子的理念，才有了各种款式的鞋子；先有了树的理念，才有了各种不同的树……

亚里士多德却反驳道："老师，树就是树，由种子长成，树长成后结出果实，果实又生出小树。没有实实在在的树，光凭脑袋里那棵树的概念，是长不出树来的。"

对于这个大胆的学生，柏拉图是又欣赏，又失望。因此，他常常说："你这个叛逆的小马驹呀，要给你套上缰绳才好！"

但亚里士多德却振振有词地说："我爱老师，但我更爱真理。"

聪明的亚里士多德还发明了一种了不起的技巧，那就是推论的方法。

"如果你的钱包在你的口袋里，而你的钱又在你的钱包里，那么你的钱肯定在你的口袋里。"

这是古希腊一句非常有趣的谚语。亚里士多德却经常提到它，用它来解释什么叫"推论"。

亚里士多德不但自己会学，教起学生来也很随意潇洒，总爱在课堂外的走廊上，边走边讲课，学生们也是边走边做笔记。别人看他们教得任性，学得潇洒，就称他们为"逍遥学派"。

虽然柏拉图已经很有学问，但亚里士多德比他还有学问。不管是历史地理，还是诗歌戏剧，不管是自然科学，还是逻辑推理，他知道得特别多。有人说，他就是一本行走的百科全书，没有什么是他不知道的。

更厉害的是，他不但知道得多，还超级会写，而且他写的书，涉及了各种各样的学科领域，比如心理学、政治学、逻辑学、哲学、伦理学、历史学、经济学、美学、自然科学、修辞学、医学，等等。

哎，你可不要以为他只是随便写写，他写的这些书都可以作为学校的教材使用，而且，在很长一段时间里，这些书还是学生们唯一的教科书呢！

嘻哈乐园

娱乐八卦

> 成天高谈阔论,能不能找份工作啊?

大哲学家怕老婆

苏格拉底有一位性格暴躁的妻子,常常动不动就让他难堪。

有一次,苏格拉底正在院子里和学生们讨论学术问题。他的妻子突然从屋子里冲出来,对着苏格拉底喋喋不休,苏格拉底没理她,她就破口大骂,最后竟然把一桶水兜头泼在苏格拉底身上,苏格拉底全身都湿透了。

学生们原以为苏格拉底会大发雷霆,没想到他只是不紧不慢地说了一句:"打这么大的雷,我就知道会下雨的。"然后就继续和学生们讨论问题了。

不过他的妻子性格虽然强悍,但实际上是个很贤惠的人。不管什么时候,她都对苏格拉底不离不弃。

苏格拉底为了给人们带去智慧,每天都走街串巷,和不同的人讨论各种哲学问题,完全顾不上家庭。

苏格拉底的妻子为了生计,每天都起早贪黑,到集市上去卖橄榄,尽自己所能地支持苏格拉底。

也许苏格拉底是看到了他妻子的优点,所以,她的缺点也就没那么讨厌啦。

谁画得更逼真

如果有一种画,能够让人误以为真,那一定很了不起。

希腊人却不这么认为,他们有许多了不起的雕塑家和建筑师,但他们的画家却远远没有那么有名,因为他们总是喜欢画一些看起来很逼真的画。

有一个很有名的画家,叫宙克西斯。有一次,他画了一个小男孩,手里捧着一大串葡萄。那葡萄画得太逼真了,结果,很多鸟儿飞过去啄食,想吃那些葡萄。

宙克西斯于是很得意,拿着这幅画去和另一个叫法哈修斯的画家比赛。

很多人看了宙克西斯的葡萄,都认为他会赢。但谁也没看到法哈修斯的画,因为他的画被一幅帘子给遮住了。

"现在,"宙克西斯信心满满地说,"请把帘子拉开,让大家看看你的画吧。"

有人跑去拉那个帘子,结果发现,根本拉不动!原来,法哈修斯画的就是个帘子!而大家以为那是一幅真的窗帘呢!

宙克西斯骗的只是小鸟,法哈修斯却骗了所有人。结果,当然是法哈修斯赢了。

法哈修斯还对宙克西斯说:"虽然你的葡萄画得很好,但你画的那个小男孩其实还不够逼真,不然,那些小鸟应该会被他吓跑的!"

名人来了

特约嘉宾

柏拉图
（简称"柏"）

越越
（简称"越"）

嘉宾简介：古希腊著名哲学家、数学家、教育家，苏格拉底的学生，亚里士多德的老师，雅典学院——西方第一所高等学院的创始人，才思敏捷，著述颇丰，创作了《理想国》和《法律篇》等经典著作。

越：柏拉图老师，您好，能见到您，我的心情特别激动。

柏：你好，其实我本名不叫柏拉图，这个是我的绰号。

越：（惊讶）您还有别的名字吗？

柏：我的原名叫亚里斯多克勒斯，因为我身体比较强壮，所以我的体育老师给我取名叫"柏拉图"（"大块头"的意思）。

越：啊哈，大块头先生，听说您以前已经很有学问了，为何还要拜苏格拉底为师呢？

柏：我们老师有句名言——"认识你自己"。我还不能认识我自己，所以要向老师请教。

越：那您知道他对他自己是怎么评价的吗？

柏：知道，他对自己的评价是"我知道我一无所知"。

越：既然如此，为何您还要向他学习呢？

柏：他是全雅典最聪明的人，却还是认为自己一无所知。正是因为这一点，才值得我学习。我认为，不知自己的无知，就是双倍的无知。

越：嗯，敢说自己无知的人才是真正的聪明人。你们都是聪明人啊。

柏：不敢当。我生平最得意的事，就是做了他的学生。可惜恩师就这么去世了。（抹袖子擦眼泪）

越：请节哀。听说老师去世之后，您在外游学了12年？

柏：是的，外面很危险的。在叙拉古的时候，我差点被卖为奴隶，被朋友花钱赎了回来。

名人来了

越：唉，希腊现在就这点不好，好好的一个人，可以随便卖来卖去。

柏：这很正常啊！国家要发展，就必须有人做奴隶，有人当奴隶主，这个是不能改变的。

越：那您所说的理想国，是奴隶主的理想国了？

柏：一个理想的国度，就是奴隶做奴隶的事，奴隶主做奴隶主的事，世世代代各司其职，各尽各的本分，难道不是很好吗？

越：但这个对奴隶很不公平，大家都是爹妈生的，为何奴隶要世世代代都要做奴隶的事呢？

柏：做奴隶主也不容易啊，他不能只考虑自己，还要顾及奴隶和百姓，一言一行都要从他们的利益出发。这个很不容易，一般水平的人做不了。

越：可奴隶也是人，也有思想，也会进步，世世代代都当奴隶，不是奴隶的理想。

柏：小记者，奴隶只是个会说话的工具而已，不能把他们当做人。我们学校也只收奴隶主的子弟，奴隶成不了我们的学生，也成不了我们的朋友。

越：唉，原来您的"理想国"是这个样子的。我认为，这个概念过于理想化，不太现实啊。

柏：什么叫现实？先得有概念，才能有现实！

越：应该是先有现实，再有概念吧？

柏：我问你，世间有千千万万美的东西，当你觉得它美的时候，是不是心中已经有一个美的概念了？

越：您的意思是，一个人脑袋里要先有美的概念，看见美的事物，才会觉得美？

柏：理解力不错嘛。

越：老师，您的想法太高深了。我去把亚里士多德叫来，你俩辩论辩论！

柏：我还有事，没时间跟他瞎扯。拜拜！

回忆苏格拉底

老师去世后,我一直想写一本关于老师的回忆录,名字就叫《回忆苏格拉底》。如果有人知道老师的语录、故事,请来信告诉我,我将还大家一个真实的苏格拉底。

色诺芬

谁与我一同去柏拉图学院

听说柏拉图学院开设了好几门课程,有哲学、数学、天文、音乐。我从小特别喜欢数学,尤其爱研究各种几何图形,我想去柏拉图学院求学,谁要与我一同前去吗?

欧几里得

征集各类古怪动物

猎手们、渔夫们,如果你们抓到稀奇古怪的动物,请送到吕立昂学院去。国王的老师亚里士多德因教学需要,须制作大量标本,进行生物研究。一旦采用,国王将重重有赏。

马其顿王国

智者为王

智者为王第 ❸ 关

1. 希腊的"黄金时代"又被称作什么时代?
2. 帕特农神庙又叫做什么神庙?
3. 雅典娜神像和宙斯神像的作者是谁?
4. 帕特农神庙的柱子是什么样式的?
5. 宙斯神像花了多长时间完成?
6. 没有一次被放逐过的执政官是谁?
7. 希腊戏剧来源于什么节日?
8. 古希腊的"悲剧之父"是谁?他的代表作是什么?
9. 雅典哪三种人不能参与选举?
10. 著名雕塑家米隆的代表作是什么?
11. 《伯罗奔尼撒战争史》的作者是谁?
12. 苏格拉底喜欢用什么样的方法和人交谈?
13. 柏拉图写了什么著作?
14. 谁被称为"行走的百科全书"?
15. 谁被称为西方的"历史之父"?他的经典之作是哪本书?

智者无敌 王者为大

第10期

【公元前371年—公元前336年】

一匹"黑马"

穿越必读

  伯罗奔尼撒战争之后,雅典和斯巴达都元气大伤。以底比斯为首的各大城邦相互争斗,乱成一团。马其顿趁机发展壮大,一跃成为名震希腊的一匹"黑马"。

顺风快讯

斯巴达败给了底比斯
——来自希腊群岛的加密快讯

（本报讯）自从斯巴达当上希腊的老大以后，希腊人叫苦连天。

原本以为斯巴达过惯了苦日子，不会像雅典那样铺张浪费，没想到，斯巴达打了胜仗之后，就换了个样儿。

这也难怪，斯巴达的男人除了会打仗，什么都不懂，但女人天生就爱美，爱珠宝，一有机会就会花花花，买买买。斯巴达的男人不会做生意，也不会赚钱，只好不停地向小弟们收保护费。

有了钱，斯巴达人就把来库古的训诫抛在了脑后，开始享乐，国内的贫富差距也急速拉大，富人更富，穷人更穷，有的因为交不起训练费，还沦为了奴隶。

眼见斯巴达的战斗力一天不如一天，公元前371年，以底比斯为首的小弟们就联合起来，彻底打败了斯巴达。

纵横几世纪的斯巴达就这样丢掉了老大的位置，掉入二流城邦的行列，从此再也没能翻身。

来自希腊群岛的加密快讯！

走向强盛的马其顿

在希腊的北方,有一个小国叫马其顿。很多人可能都不知道它,因为它实在太小了。再加上他们不会说希腊语,还总是为了几头羊争得头破血流,所以希腊人一直把他们当作野蛮人,连奥运会都不让他们参加。

公元前359年,有个叫腓力(腓力二世)的人当上了马其顿的国王,他决定推行一系列改革,改变这一切。

他先是削除了各个部落的武装力量,将军事大权都集中在自己一个人手中,然后开始抓经济,规定以后只用金、银两种货币。

这可真是个聪明的做法。因为波斯人使用的是金币,希腊人使用的是银币。这样一来,希腊商人和波斯商人都乐意和马其顿做生意。财富像水一样流入马其顿的国库。

腓力用这些钱建立了一支强大的军队,还发明了一套新的战斗体系——"马其顿方阵",威力十足。

所以,当雅典和斯巴达这些城邦衰落的时候,马其顿却悄悄地成长为一个军事强国。

这时,腓力二世就不再满足于只在马其顿当个小小的国王了,他想跨出马其顿,将混乱的希腊统一起来,成为整个希腊的王。

当然,他没有傻到一下子暴露自己的野心,虽然他能征善战,但有波斯这个教训在,他才不想和希腊人打仗呢。

所以,他一面对雅典、底比斯、斯巴达这些大城邦巴巴地示

世界风云

好，让他们放松警惕；一面散出大量金钱收买人心。

他知道自从希波大战后，希腊人特别痛恨波斯人，对祖先们的英勇也一直念念不忘，于是就对希腊人说："我们的祖先将波斯人赶出了希腊，我们为什么不乘胜追击，去征服他们，让他们为自己的所作所为付出代价呢？"

接着，他又狡猾地眨了眨眼睛，补上一句："来，让我带领大家，去征服波斯吧！"

希腊人听到这些话，顿时热血沸腾，纷纷倒向马其顿。

没多久，腓力二世就以野火一般的速度，控制了希腊的北部和中部地区。

世界风云

一个结巴的演说家

腓力假惺惺地要帮助希腊人,很多人相信了他。但还是有一个聪明人看出了他的阴谋。

这个人叫狄摩西尼,是一个有名的演说家。

在雅典,演说家很受人们欢迎。人们喜欢听他们辩论、演讲,就像喜欢观看奥运比赛一样。因此,当狄摩西尼还是小孩子的时候,他就想做一名伟大的演说家。

可是,那时的他没有一点当演说家的天赋——嗓音细得像蚊子一样嗡嗡叫,不认真听,根本听不清他在说什么;天生口吃,一张嘴,就结结巴巴的。更糟糕的是,他还有耸肩的坏习惯。

世界风云

而雅典的人们对演说家的要求很高，不仅要求他们声音洪亮，能言善辩，而且要姿态优雅，一个不适当的用词，一个难看的动作，都会招来无情的嘲笑和讥讽。

像狄摩西尼这样的人，能当演说家？谁都不信。

但狄摩西尼没有放弃，仍然坚持每天不断地练习，练习，再练习——

发音不准，就虚心地向演员请教发音的方法；说话不清楚，就把小石子含进嘴里讲话；气息太短，就一边爬山，一边背诗；声音不够洪亮，就跑到海边，对着呼啸的海浪大喊；经常耸肩，就在树上悬上两把尖刀，练习的时候让肩膀对着尖刀；应酬太多，就把自己剃成阴阳头，每天躲在家里对着大镜子练习；每次有大师进行演讲，就跑去聆听，用心琢磨大师的演讲技巧……

功夫不负有心人，经过十多年艰苦的练习后，狄摩西尼终于成为一个优秀的演说家。听众们都说，他的演说特别精彩，想要

努力！奋斗！

世界风云

你哭就哭，想要你笑就笑。

当狄摩西尼看穿腓力真正的企图时，立刻发表了十二篇演说，提醒人们不要上腓力的当。

这些演说非常有名，希腊人每次听到这个都怒火中烧，恨不得立马把腓力按在地上，狂揍一顿。就连腓力自己也承认，狄摩西尼的三寸不烂之舌，比千军万马还厉害。

可是，雅典这样的演说家并不多，有的演说家会说谎，有的演说家一切向钱看，只要谁给的钱多，他就拍谁的马屁，有的甚至认为只有腓力才能停止希腊本土的战争。

狄摩西尼一人难敌众口，只好眼睁睁地看着腓力统治了整个希腊。

嘻哈乐园

小王子驯马

公元前344年的一天，有人卖给腓力二世一匹小马。小马的头顶有一个牛头的记号，据说谁能骑上它，谁就能统治整个世界。

可是，这匹马性子暴烈，只要有人靠近，就受惊直立，暴跳不已，因此无人能骑。腓力无奈，只好让人把它牵走。

这时，12岁的王子亚历山大突然走出来说："这些人真是没用，连一匹马都制服不了！"

腓力二世觉得好笑，说："你觉得自己比这些大人还厉害吗？"

亚历山大回答："是的，我可以制服这匹马！"

"那要是你驯服不了怎么办？"

"那我就自己出钱买下他！"

亚历山大说完，就跑到小马身边，拉住缰绳，牵着小马转了个身，然后在小马的耳边轻轻说了几句话。

奇迹发生了，狂躁的小马居然安静下来。亚历山大一跃跳上马背，马儿很听话地驮着他跑了一圈。

原来，亚历山大发现这匹小马看到自己黑色的影子，就会受到惊吓。因此，亚历山大让它正对着太阳，小马看不到自己的影子，就不会受惊了。

大家知道后，都赞叹他的聪明与勇敢。腓力二世更是高兴地流下了眼泪，说："孩子，这匹马送给你，去找一个配得上你的王国吧，马其顿对你来说太小了！"

自由广场

把战争引向东方吧

某看门人

"驮金的驴子,能翻越最高的城墙",再坚固的城墙,也抵挡不住金钱的威力。腓力这头驴,果然厉害,怪不得我们会败在他手里。

人家是国王,不光是有钱,而且有很多特权,马其顿的钱想用多少就用多少,所有人都只会服从,不能反对。

可咱们雅典呢,别说是演说家,就算是执政官,做什么事也都要经过公民大会通过,既没有军队,也没有特权,就算把喉咙喊破了,大家不愿意出兵,又有什么用呢?

某魔术师

某保姆

能用金钱解决的问题,都不是问题。不用打打杀杀,就能把雅典、斯巴达、底比斯都解决不了的问题解决掉,能把混乱的希腊统一起来,也是好事一桩啊。

是啊,如果连希腊都征服不了,马其顿又怎么有能力征服波斯,征服全世界呢?希腊打了这么多年了,应该停止了,让他把战争引向东方吧,把世界的财富带回来!

某魔术师

王子地位岌岌可危,怎么办?

编辑老师:

你好!我是腓力的妻子奥林匹娅斯。虽然我和腓力结婚多年,但感情一直不和。不过,他怎么对我没关系,只要他重视亚历山大,把他当接班人培养就行。亚历山大身体里流淌着英雄的血液,将来一定会做出一番大事业。

可是自从统一希腊后,他就把我休了,娶了个美貌的新王妃。新王妃的叔父对我怀有敌意,在婚礼上公开表示,希望腓力得到一个合法的儿子。儿子听了十分气愤,当场就把酒杯扔向他,和腓力大吵一顿,离开了马其顿。

现在他的好朋友来劝他回国,说腓力准备东征波斯,少不了他。但我担心他回去还是会地位不保,怎么办?

奥林匹娅斯

王妃:

您好!父母不和,最不好过的,往往是孩子。其实,我觉得您有点多虑了。国王刚刚成婚,不可能马上有个亚历山大这么大的儿子。短期内,亚历山大还是马其顿最合适的继承人。

更何况,亚历山大的优秀是有目共睹的,东征少不了他,更说明他是马其顿王国不可缺少的人才。这样的儿子,国王怎么会放弃呢?

赶紧回去吧!既然有人千方百计地想阻止亚历山大成为继承人。如果他不回去,不正合这些人的心意吗?

编辑 穿穿

名人来了

特约嘉宾

腓力二世
（简称"腓"）

越越
（简称"越"）

> 嘉宾简介：马其顿最杰出的君主之一，一个眼光远大、足智多谋的军事家和政治家。从统一马其顿开始，他的目标就不仅仅是马其顿的国王，而是打败波斯，做世界的主人。

越：您好，国王陛下，想不到您竟然是……是……

腓：有话直说。

越：……（鼓起勇气）竟然是"独眼龙"。

腓：当年我的右眼被敌人射伤，为了保命不得不挖掉，所以就成了现在这个样子。怎么，你怕了？

越：（哆嗦了一下）呃，有点儿有点儿——（转移话题）听说您小时候在底比斯当了三年的人质，那段经历对您影响很大吧？

腓：能不大吗？小小年纪，就到处受人白眼——不过这三年让我看到了马其顿与底比斯之间的差距，也学到了很多东西。马其顿方阵就是我在希腊方阵的基础上改良的。

越：听说你们的马其顿方阵打遍希腊无敌手，您能称霸希腊，多半是靠了它吧？

腓：我的儿子亚历山大也很得力，帮了我不少忙。

越：那是自然，虎父无犬子嘛。听说王子18岁，就跟您出生入死，立下不少战功了？

腓：嗯，他母亲唯一的功劳，就是给我生了个好儿子。

越：这话说得……

腓：事实如此。我这个儿子什么都好，就是跟他母亲走得太近，学了他母亲的坏脾气。我为他打下这么一大片江山，他居然在后面说："这地方都让父王占完了，还有我什么事儿啊！"

越：呃，您听了很生气？

腓：那倒没有。我高兴还来不

名人来了

及呢，这说明他从小就志向非凡，将来必成大器。

越：这么优秀的王子，您一定花了不少心思培养吧？

腓：嗯，我给他请来了全希腊最博学、最有名的老师。

越：您是说亚里士多德？

腓：对，亚里士多德的父亲是马其顿的御医，我和亚里士多德从小就是好朋友，让他教导王子再适合不过了。

越：怪不得王子这么优秀，名师出高徒啊！

腓：唉，太优秀了也不好，容易骄傲自大，自命不凡，这小子有时连我都不放在眼里呢！

越：听说王子上次大闹您的婚礼，还嘲笑了您一顿，怎么回事？

腓：别提了，婚礼上我看他闹得不像话，就想教训他一顿，没想到喝太多，站都站不稳，从椅子上摔了下来。他不但不扶我，还嘲笑我说什么一个想横扫波斯的人，居然连一张椅子也跳不过去……可没把我气死！

越：啊，小子居然敢笑老子……

腓：更让我生气的是，明明是他的错，他居然耍小性子，和他母亲一起离家出走了！臭小子明明知道我准备攻打波斯，少不了他！

越：那您怎么赶在这个节骨眼上，要娶新王妃呢？您明知道亚历山大和他母亲会不高兴啊。

腓：唉，罢了罢了，臭小子现在翅膀硬了，不听使唤了。

越：（捂嘴乐）国王您可是长点心吧。您这儿子可不一般，赶紧给他吃个定心丸，让他好好地为您效力。

腓：嗯，现在他已经回来了，我也可以放心大胆地去攻打波斯了。好了，攻打波斯不是件容易的事，我要去做准备工作了。下次再聊。

越：……下次？好的。国王保重！

广告贴吧

士兵须自驮粮食

即日起,军队出征时,禁止使用车辆运载军械、粮草、装备等物资,所有士兵必须自驮三十天的粮食。如有违反,一律严惩。

马其顿军队宣传处

取消观剧津贴

为对抗外敌,即日起,所有公民的观剧津贴将予以取消,用来建设军队,扩充军备。建造战舰的经费则由全国一千名最富有的公民捐献。

雅典政府

打倒腓力

雅典同胞们,你们不要被腓力这家伙给骗了,他才是雅典最大的敌人。他不但不是希腊人,甚至连野蛮人都算不上。现在,他对着我们撒下了一张大网,我们却还傻傻地坐着。究竟要到什么时候,你们才会采取行动?

狄摩西尼

第11期

【公元前356年—公元前323年】

征服世界的少年

穿越必读

如果斯巴达和雅典，相当于齐国和楚国，那么马其顿就是秦国，而亚历山大就是秦始皇。然而，对于这个天才军事家来说，希腊实在是太小了，他的梦想是——统治整个世界！

顺风快讯

比父亲更厉害的"小孩"
——来自马其顿都城佩拉的快讯

（本报讯）公元前336年，腓力二世突然被人暗杀，年仅20岁的亚历山大继承了王位。

听到这个消息，几乎所有的希腊城邦都欢欣鼓舞。狄摩西尼更是开心得到处发表演说，要把亚历山大赶下去。

谁也没有把这个乳臭未干的"小男孩"放在眼里。

只有熟悉亚历山大的人才知道，这个小男孩，其实比他的老爸还厉害！他受过斯巴达式的训练，读过荷马的英雄史诗。而他最喜欢的游戏，就是和小伙伴们玩打仗。当老国王还在世的时候，马其顿人就骄傲地称他为"国王"了。

这个和他的父亲一样野心勃勃的"小男孩"，一直盼望着有一天，能有机会展示一下自己的才华。

现在，这个机会终于来了。

当一些希腊城邦嚷嚷着要脱离马其顿时，亚历山大就带着军队在短短的两年内，平定了所有叛乱，给了所有反对者一个下马威，

从此，再也没有人敢小瞧这个"小男孩"了！

来自马其顿都城佩拉的快讯！

世界风云

我愿成为第欧根尼

亚历山大征服希腊后,各地使臣和哲学家都跑去向他祝贺。只有一个叫第欧根尼的哲学家对此不屑一顾。

第欧根尼出身银行家家庭,行事却十分古怪,据说他住在一个泥巴做的桶里,过着乞丐都不如的生活。

人们说他像一条"狗",他也不介意,甚至以"像狗一样活着"(即犬儒主义)为荣。如果你给他扔点食物,他会说一声"谢谢";但如果你向他扔小石子,他就会破口大骂。

人们忙着打仗的时候,他就推着他的桶子在地上滚来滚去,说:"看你们这么忙,我也该做点什么事情才好!"

但到了白天,他却会打着灯笼,到处游走,说:"我在找一个真正的人。"

他没有工作,也没有家,但是他很有学问,对他来说,哪里都是课堂,哪里都有学生,哪里都是实验室。

当亚历山大来到他的"狗窝"时,他正躺在阳光下。

亚历山大恭敬地问他:"先生,我可以为您做点什么吗?"

第欧根尼稍稍抬了抬身子,看了看亚历山大,说:"你可以靠边站一点,年轻人,不要挡住我的阳光了。"

随从们听了,都低声笑了,但亚历山大却真的让出了地方。

临走的时候,亚历山大对随从严肃地说道:"假如我不是亚历山大,我愿意成为第欧根尼。"

世界风云

解开戈尔迪之结的人

大家都知道,波斯是当今世界上最大的国家,差不多有五十个马其顿那么大。野心勃勃的亚历山大虽然已是整个希腊的国王,但他并不满足,他想要统治更大的世界,去征服波斯。

临行前,他把自己所有的财产分给了他的臣子。

手下不解地问:"您把财产都分光了,给自己留下什么呢?"

"希望!"亚历山大回答说,"它将带给我无穷的财富!"

公元前334年春天,亚历山大带着军队穿过达达尼尔海峡,向波斯发起了进攻。

起初,波斯人仗着自己兵强马壮,没有把年轻的亚历山大放在眼里。但很快,亚历山大不但把他们打得落花流水,还把波斯国王大流士三世的母亲、妻子以及女儿给抓了。

第二年冬天,他们来到一个叫戈尔迪的小城。城里的神庙有一辆牛车,牛车上系着一个复杂的绳结,人称"戈尔迪之结"。据说谁能解开这个结,谁就能征服波斯,成为亚洲之王。很多人都试着去打开它,几百年过去了,却没有一个人成功过。

亚历山大听了十分好奇,便带人来到这个牛车前,却发现这个绳结是个死结,根本解不开。于是,他拔出宝剑,轻轻一挥,把绳结砍成了两段。一直无人能解的"戈尔迪之结"就这样轻轻松松地解开了。从此,亚历山大再也没有打过一次败仗。

他真的会如预言所说,成为亚洲之王吗?

我要的是全世界

征服小亚细亚之后,亚历山大马不停蹄地继续南进。但波斯帝国实在太大了,亚历山大一路走,一路打,几乎没有停过。

不久,亚历山大收到一封信,在信中,大流士三世表示,愿意出巨款赎回他的家属,割让半个波斯帝国给亚历山大,并且将一位公主嫁给他。

亚历山大的大将帕曼纽认为这个建议很好,他说:"如果我是亚历山大,我就接受这个条件。"

亚历山大却回答:"如果我是帕曼纽,那么我也会同意的!"

唉,大流士三世哪里知道,亚历山大要的不只是财富,不只是半个波斯,他要的是整个波斯帝国,甚至是全世界!

公元前331年,亚历山大和大流士三世在尼尼微附近的高加米拉荒原正式展开决战。

大流士再次给亚历山大带去一封求和信,表示愿意赔更多的巨款,同时把一个女儿嫁给他。

但亚历山大却回答他说:"要么你就轻轻松松地过你的日子,要么站出来和我决战,争取你应得的荣光!"

得知波斯组织了一支有史以来最精良、战术也最先进的军队,大将帕曼纽提议连夜突袭击波斯大营。

亚历山大却说:"偷袭是不光彩的,我要的是光明正大的胜利。"

世界风云

结果，波斯再次一败涂地。有人估计，光战死的人就有近十万人，而马其顿只损失了几百人。大流士再次逃之夭夭。

亚历山大乘胜追击，一路洗劫了波斯的三个都城——巴比伦、苏萨和波斯波利斯，夺得了无数的金银和财宝，还放了把火，把波斯的王宫连烧了几天几夜。

而大流士三世呢，却在逃亡的过程中，被自己的部下杀死了。

为了表示对这位波斯王的尊重，亚历山大把大流士三世的尸体运回了巴比伦，举行了隆重的国葬仪式，之后还将那位背叛大流世三世的手下杀死了，算是为自己的对手报了仇。

几天后，亚历山大如愿以偿，在巴比伦加冕为"亚洲之王"。

这意味着，从前那些属于波斯的地盘，比如，腓尼基人的泰尔城、犹太人的耶路撒冷，以及整个埃及、巴比伦，现在都属于亚历山大了。

奇幻漂流

把世界当成家乡

编辑老师：

您好！我是大帝手下的一名小兵，跟随大帝在外作战已经七八年了。

我们大帝相信，世界的尽头有一片海洋，只有在海滩上留下自己的脚印，才叫成功。所以，这些年，我们跟着他，不停地出发，降服了安息、大夏……这些从前我们听都没听过的地方。

现在他又把我们带到了印度，可印度实在是太热了，很多兄弟水土不服，染上了疾病。人一生病就会想念自己的亲人，所以很多人不想打仗，想回家了。

外面的世界再大、再好，终究比不过我们的家乡。你说，大帝难道一点都不想家吗？

一名无名小卒

无名小卒：

你好！一个人无论走多远，家乡永远都是心里的牵挂。我想，大帝不是不想家，而是他的心里装着征服世界的梦想，已经把世界当成了自己的家乡。

不过，既然你们有这些想法，不妨告诉大帝。大帝是个通情达理的人，应该会同意你们的请求。如果大家都不愿意打仗了，大帝一个人也是无法继续战斗的。

祝你们早日回到家乡。另外，告诉你一个秘密，印度并不是世界的尽头，有一个地方比印度更东方，更古老，那就是中国。

编辑 穿穿

（注：亚历山大率军回到了巴比伦，结束了10年的远征。）

自由广场

真正的世界之王

亚历山大真是个打仗的天才。有的人擅长战斗，有的人擅长战术，有的人擅长战略，他却是三者兼而有之，谁要是成为他的对手，真是倒霉啊！

叙利亚
某宝石匠

犹太某商人

他最大的能力不是打仗，而是能神奇般赢得敌人的好感。我们犹太人把他当作朋友，愿意为他打仗；埃及人尊称他为"太阳神之子"，把他当法老。这种化敌为友的本事，你不得不服啊！

这是因为他每征服一个地方，都会去祭拜当地的神。比如，到耶路撒冷，就去祭拜犹太人的神；到埃及，就去祭拜太阳神。一个人尊重别人，自然能赢得别人的尊重了。

埃及
某铁匠

波斯
某挤奶女工

是啊，听说他对女人也极为尊重，我们的王后和公主被俘虏后，他也是以礼相待，太后都认他当义子了。他还夸我们波斯人聪明能干，说要学习我们的文化。这样的心胸，只有真正的亚洲之王才做得到啊！

嘻哈乐园

管好你的楦头

亚历山大有一位画家朋友,叫亚比利斯,经常为他画肖像。

亚比利斯的画画技术十分高超。有一次,他去看望一位画家朋友。不巧,朋友不在家,于是亚比利斯拿起一支画笔,在朋友的画作上添了一条细细的直线,想考考他朋友能否看出来。

结果,他朋友回来后,看到这条线,惊叹道:"啊,亚比利斯来过了,这个世界,只有我们俩能够画出这么美的线条了!"

不过,和画作相比,亚比利斯的两句话更有名。

有一次,亚比利斯画了一幅人物像。有一个鞋匠看到了,说他的鞋没有画对。亚比利斯认为他是个专家,于是愉快地接受了他的批评,改了过来。

鞋匠看一个大画家肯听自己的意见,就开始指指点点,说另外一个地方也画得不对。

这一次,亚比利斯觉得鞋匠根本就是在胡说八道,于是说道:"老兄,你管好你的楦头(做鞋用的模型)就好了!"

意思是,做鞋匠的,只要做好鞋就可以,对自己不懂的事情不要指手画脚。

亚比利斯是一个很勤快的画家,他规定自己,每天必须要做一些有意义的事情,常说"唱歌要曲不离口,画画要笔不离手"。

人们都非常尊敬他,把他称作希腊最伟大的画家。

名人来了

特约嘉宾
亚历山大大帝
（简称"亚"）

越越
（简称"越"）

> 嘉宾简介：他年纪轻轻就当了帝王，一生的大部分时间都在南征北战。而他创立的亚历山大帝国西起希腊、马其顿，东到印度河流域，横跨亚、欧、非三大洲，是当今世界版图最大的国家，人人都尊他为"亚历山大大帝"。

越：（超级兴奋）大帝，没想到真能见到您，这感觉像在做梦一样啊。

亚：要不要我打你一下，让你清醒清醒？

越：别，难得碰上一个这么帅的采访对象，我宁愿这梦做久一点。

亚：（小骄傲）嗯，我就是传说中那种"明明可以靠颜值，却要靠实力"的人。

越：佩服。请问，目前为止，您征服了多少地方？

亚：这个没统计过。不过，建了多少个亚历山大城，我还是比较清楚的，大概有二十多个。我还在埃及的亚历山大城建了个很大的图书馆，藏了很多图书。

越：您建这么多城，还以自己的名字命名，是为了出名吗？

亚：以我的实力，需要吗？我要建的，是一个希腊人的中心，让世界了解希腊，让希腊走向世界。

越：噢，您的老师亚里士多德不是常说，希腊人是世界上最优秀的民族，除了希腊人，其他人都是野蛮人吗？

亚：以前我们缩在自己的城邦里，对外面不了解，有这种想法也正常。现在我们走出来了，我觉得其实那些人，和我们希腊人一样优秀，一样有才华。

越：还是大帝英明。

亚：所以我想创立一个希腊波斯联合王国，把东方和西方人团结在一起，大家互相学习，互相进步。

越：想法不错，不过大家会同意吗？

名人来了

亚：没事，有我带头呢！前段时间我带头娶了个波斯女子，还给马其顿士兵和一些亚洲女子举行了一场集体婚礼，哈哈！

越：这些外邦人士有了希腊的孩子，希腊的家，就会慢慢地学习希腊的语言，读希腊的书，了解希腊的雕塑、绘画，认识希腊的哲学家……

亚：对对，就是这个意思。

越：那您的希腊臣民愿意吗？

亚：现在是有点不乐意的。但万事开头难，但凡事不尝试一下怎么知道呢？你说对吧？

越：您还挺有冒险精神的。对了，我有一个问题，您为什么一直东征，不往西边打呢？西边不是有个罗马吗？

亚：（鄙夷）罗马？那个犄角旮旯又小又穷，有什么好征服的，我亚历山大要征服的是全世界！

越：现在小，不代表将来小啊。当年马其顿不也是很小吗？

亚：做人要光明磊落，欺负弱小算什么本事，要打，就打和我差不多的，比我强的！只有真正的国王才配跟我交战！

越：大帝威武。不过我觉得您现在的版图已经够大了，现在您应该稍微停下来，好好休息一下，享受一下。

亚：哎，我现在才三十岁，精力充沛，对我来讲，世界上最大的享受就是探险和征服！

越：……那还是身体最要紧。

亚：谢谢小记者关心，我尽量注意吧。

越：呃，最后——能否请英俊潇洒、气度不凡的您给我签个名？

亚：瞧你这小嘴甜得，好了，给你签一个吧！

越：谢谢。（拿到签名，如获珍宝）那您多多保重。

158

广告贴吧

急招大象护理员

最近我军从印度运来 15 头大象，为了照顾好它们，现急需招聘大象饲养员若干名，负责给大象喂食和清理粪便。

要求力气大，能吃苦耐劳。因为大象每天要吃 200 斤鲜草、80 斤干草、60 斤果蔬，每天要清理几百斤的粪便。

波斯军营

纪念我的战友——布西法尔

我的战马布西法尔随我出生入死，征战多年，不仅是我的座驾，更是我最亲密的战友。因此，我决定在它战死的地方，建一座城市，用它的名字命名，以纪念它立下的不世功勋。

亚历山大

世界那么大，一起去看看

你想跟随伟大的亚历山大去外面的世界看看吗？本次出征，大帝打算带一些专家随行，把希腊的文化带到世界各地去，同时把世界各地的文化带回希腊。你可以不会打仗，但是你必须要有一项专长，精通科学、历史、天文学、哲学、雕刻、绘画者优先。

马其顿专家筹备团

第 12 期

【公元前 323 年—公元前 232 年】

衰落与兴盛

穿越必读

亚历山大去世后，帝国四分五裂，属于古希腊的光辉逐渐暗淡。与此同时，印度完成了对南亚次大陆的第一次统一，成为一个与古罗马、古中国并列的世界强国。而阿育王对佛教的支持和传播，更是对整个印度乃至全世界产生了深远的影响。

顺风快讯

帝国分裂，三国鼎立
——来自巴比伦都城的快讯

（本报讯）公元前323年，亚历山大被一只毒蚊子叮咬后，高烧不退，突然就死了！

亚历山大死了，唯一的儿子还只是个婴儿，谁能继承他广阔的领土和伟大的事业呢？将领们都很关心这个问题。

临死前，将领们问他："谁能成为您的继承者呢？"

亚历山大回了一句："最强大的人。"

这可把大家说懵了。大家跟随亚历山大出征多年，个个都是一顶一的好手，谁才是最强大的人呢？

将领们谁也不服谁，只好靠比武来解决问题。最后，能力最强的三个人获得了胜利。

三个人像分蛋糕一样，你一块，我一块，他一块，把这个庞大的帝国分成了三个独立的大王国，以及一大堆小王国。

其中，塞琉古抢占了叙利亚等地，建立了塞琉古王朝（中国人称条支）。安提柯继承了希腊和马其顿，建立了安提柯王朝。托勒密一世则得到了埃及，建立了托勒密王朝。

年轻的亚历山大帝国就这样分崩离析了。

（注：后来，三个王国都被罗马灭亡，并入了罗马帝国。）

来自巴比伦都城的快讯！

嘻哈乐园

奇幻漂流

不是希腊人，胜似希腊人

编辑老师：

您好！我是一名希腊人。想当年，我们眼中只有希腊，希腊就是我们的全世界，我们为自己是希腊人感到无比自豪。

自从跟着大帝打遍天下后，我们发现，世界之大，超乎我们的想象，波斯、埃及、印度跟我们一样，拥有让人惊叹的文明！

如今，帝国的分裂，算是给希腊人的一个惩罚。可是眼睁睁地看着曾经辉煌的希腊，陷入一片黑暗，我们无比心痛。

您说！希腊人还能恢复之前的荣光吗？

还在心痛的希腊人

心痛的希腊人：

您好！我理解您的心情。但我想告诉您，"有的人死了，他还活着"。希腊虽然没落了，但其文化，却照亮了整个世界。

如今，越来越多的人开始说希腊语，读希腊的书，盖希腊式的房子，过希腊化的生活。即使是你们未能彻底征服的印度，也看上了希腊的戏剧。听说他们有些佛像雕刻得特别像希腊的神像，其中有一座头像，除了头发不一样，简直是太阳神阿波罗的翻版。

虽然大家不是希腊人，却胜似希腊人，这难道不正是希腊人的荣光吗？人可以分为好人与坏人，却不应该分成希腊人和非希腊人。您觉得呢？

编辑 穿穿

世界风云

国王也没有捷径

亚历山大帝国分裂后,埃及的托勒密王朝治理得最好。

国王托勒密(史称托勒密一世)很重视学问,在王宫的旁边成立了一个亚历山大大学,还下令建立了一个大大的亚历山大图书馆,收藏了数十万卷藏书。

亚历山大城也因此成了新的希腊文化中心和商业中心,吸引了大量有名的外地学者,比如欧几里得和阿基米德等。

欧几里得原本是雅典人,曾在柏拉图学园求过学,后来成了亚历山大大学的一名老师,对几何有着浓厚的兴趣。

上课认真点!

在他以前,人们已经懂得不少几何知识,但大多是零碎的片段,缺乏系统性。欧几里得汇集了前人的成果,采用独特的编写方式,几经易稿,完成了《几何原本》这本书。

因为这本书，几何知识第一次实现了系统化、条理化，从而产生了一个全新的学科——几何学。

在欧几里得的推动下，人们掀起了学习几何的热潮，就连托勒密国王也想学点几何学。

不过，这位国王虽然很有能力，学起几何来却有点吃力。

于是他问欧几里得："我想尽快地掌握几何，有没有更简单的办法呢？"

欧几里得笑着说："抱歉，陛下！数学和别的科学一样，需要独立思考，就像种庄稼一样，不耕耘就不会有收获。在这一方面，没有为国王专门铺设的捷径。"

埃及有很多金字塔，可是谁也不知道这高大的金字塔到底有多高。

有人说："唉，要想测量金字塔的高度，比登天还难啊！"

欧几里得笑着说："这还不容易？当你的影子跟你的身体一样长的时候，你去量量金字塔的影子有多长，不就知道了？"

很多人想拜欧几里得为师，但欧几里得十分反对为了功利做学问。

有个学生问欧几里得："老师，学习几何会让我得到什么好处呢？"

欧几里得想了一下，对仆人说："给他三个钱币吧，因为他只想从学习中获取利益。"

世界风云

可怕的猎人

亚历山大大帝离开印度后,印度一个叫旃(zhān)陀罗笈多的青年率领人们揭竿而起建立了孔雀王朝。

阿育王是旃陀罗笈多的孙子,也是孔雀王朝的第三任国王。他勇猛过人,却性情狂躁,据说他只用一根棍子,就能杀死一头狮子,人称"可怕的猎人"。

可就是这么一个可怕的人,却日夜担心国王宝座被人抢走,为此专门建造了一座监狱,来惩罚那些不听话的人。

传说,一个人如果做坏事,死后就会被打入十八层地狱,经受各种各样的刑罚,如上刀山、下火海、挖眼、剐足……因此,人们特别害怕下地狱。而阿育王的监狱,据说比地狱更恐怖。凡是进去的人,没有一个能够活着出来。

不过,对于这样的臣服,阿育王并不满意,又将魔爪伸向一个叫羯陵伽的王国,一口气杀死了十万人!

阿育王打了个大胜仗,算是基本上统一了整个印度,原本应该感到高兴,然而他却一连好几天都吃不下,睡不香。

为什么会这样呢?阿育王自己也很困惑,于是向一名佛教高僧请教。高僧和他谈了几天几夜,告诉他,要想获得真正的快乐,并不是让别人恐惧、死亡,而是让别人也得到快乐。

于是他决定放下屠刀,皈依佛教,以此来消除他浑身的罪孽。
——这个可怕的猎人真的会转变吗?

世界风云

放下屠刀,立地成佛

从战场回来后,阿育王宣布了一个惊人的消息:从此以后再也不打仗了!

紧接着,又下达了一连串的命令——

拆除"人间地狱",为百姓设立医院,为动物设立兽医院,而且统统都不要钱。

以前,他的膳房每天要杀死大量的牲畜,现在,他的餐桌上看不到一丁点儿肉,因为他严禁猎杀任何动物。

他还经常跑去各地巡视,考察百姓们过得怎么样,帮助人们挖井、植树,号召官员像爱护自己的子女一样爱护百姓;并将一些劝人向善的格言,刻在石柱上,立在全国各地,比如:"子

世界风云

女要孝顺父母""学生要尊重师长""说话要诚实"等。

起初,人们不愿意相信自己的眼睛——咦?这还是以前那个狮子一样凶残的国王吗?

直到国王做了一件又一件善事后,人们才彻底相信,国王确实是在真心悔改,重新做人了。

一个人犯了错,只要愿意改正,就还是好孩子,就算是国王也不例外。人们快乐地接受了这个"新"国王。

阿育王也发现,因为这样的改变,自己快乐多了,百姓也快乐多了。

他觉得这些快乐,都是佛教带来的。为了让所有人像他一样快乐,他把佛教定为国教,派僧侣甚至自己的儿女去世界各地传教,并在很多地方修建了佛塔。

世界各地的人都纷纷慕名而来,有的来学习,有的来做生意,还有的,纯粹是来膜拜阿育王——这个印度有史以来最伟大的国王。

印度也从此迎来了一个辉煌灿烂的"黄金时代"。

(注:人们将阿育王充满暴力的前半生称为"黑阿育王"时代,将他爱好和平的后半生称为"白阿育王"时代。)

自由广场

老虎变成了兔子

阿育王信奉佛后，这改变也太大了吧！原来的他动不动就喊打喊杀，现在的他居然不让杀生，还发誓只吃素。这让我们猎人、渔夫怎么活呢？

印度猎人

印度农民

更可笑的是，他还禁止大家用米糠来生火，说这些东西就算废弃了，里面也有活着的生命存在，不能杀生。我的天啊！

不许杀生，摆明了是针对我们婆罗门教。不用牲口祭祀，怎么能得到天神的赐福？死后怎么能进入极乐世界？我相信神一定会惩罚他的，（语带讥讽）但愿那时，他信仰的佛陀能保佑他！

婆罗门教信徒

印度理发匠

嘘，别说这样的话，要是被阿育王听见就惨了！变成了兔子的老虎终究还是老虎，万一他发起火来，我们都要遭殃。

（注：阿育王死后，印度再度陷入四分五裂的状态。）

不朽的史诗《摩诃婆罗多》

公元4世纪，有个叫毗雅娑的民间诗人（也有人说是集体创作）根据人们早先的口头创作，整理编辑出一部史诗，引发了印度人民的热情传诵。

诗的名字叫《摩诃婆罗多》，意思是"伟大的婆罗多族"。

传说婆罗多族是月亮族之王婆罗多的子孙，他们居住在恒河上游一带，建立了一个叫俱卢的王国。

俱卢国国王奇武王生了两个儿子，老大名叫持国，老二名叫般度。持国有一百个儿子，般度只有五个儿子。

由于持国眼睛看不见，奇武王把王位传给了般度。可般度运气不好，没多久就死了，他的五个儿子又还年幼，因此，又由持国继了位。

持国继位后，对般度的五个孩子视同己出。但持国的长子难敌却是个小心眼的人。他担心五兄弟会成为自己继位的绊脚石，总想除掉他们。

有一次，他设计把五兄弟骗到一座王宫，半夜让人放火。幸好有人报信，五兄弟才逃了出来，从此四处流浪。

持国知道五兄弟受了委屈，把他们接了回去，并把一半国土分给了他们。

难敌不甘心，再次设下一场赌局，邀请五兄弟参加。双方约定，输的一方要被流放12年。五兄弟不知是计，输得一塌糊涂，只好按事先约定去过流放生活。

12年后，他们历尽千辛万苦，终于回到王宫，要求难敌交还自己的那部分国土。难敌不肯履行承诺，还召来兵马，向五兄弟宣战。

一场惨烈的战争就此爆发（史称俱卢之战）！俱卢的百姓和周边的国家几乎全部卷入了这场战争。双方打了整整18天，打得血肉横飞，天昏地暗！

最后，五兄弟战胜难敌，夺回王位。可是，双方的将士也几乎全部战死。

看到战争给人们带来这么重的苦难，五兄弟愧疚万分，之后他们把王位交给孙子，自己到雪山修行去了。

由于这部史诗实在太长，有十万颂（即诗节），限于篇幅，这里只讲述了其中心故事。

这部史诗为什么能获得印度人民的青睐呢？

小编认为，第一是故事情节生动，第二是语言富有哲理，第三是想象力相当惊人。

当然，最主要是它寄托了人们对强暴奸诈的厌恶和对公正善良的同情，因此，成为印度人民传诵最广的文学作品也就不足为奇了。

娱乐八卦

买小鸟的人

传说，很久很久以前的一个午后，一群人正在树下纳凉休息，突然听到一阵凄厉的鸟叫声。

——原来是一群小孩在逗一只小鸟。

孩子们在小鸟脖子上系了一条细绳，绳子下面绑了一粒石子。小鸟用力地扑腾着翅膀，飞起来又掉下，显得十分痛苦。

大人看了，不但不制止，反而在一旁哈哈大笑。

这时，有个人走过来，弯下身，小心翼翼地捧起那只小鸟。

孩子们一窝蜂地围上去，嚷嚷道："干什么！小鸟是我们的，还给我们！"

"噢，那我可以把它买下来吗？"这人轻轻地问。孩子们高兴地答应了。

这人付了钱后，解开小鸟脖子上的细绳。小鸟展开翅膀，飞到这人头顶，啾啾叫了几声，飞走了。

"你们看，小鸟也是一条生命，怎么能轻易地伤害它呢？"

听了这人的话，孩子们都低下了头，大人也觉得很羞愧。

这人说完，向大家挥了挥手，转身离去。

大家都觉得他气度不凡，纷纷猜测他是谁。

突然，有个孩子兴奋地叫道："我见过他，他是我们的国王！"

原来，这人就是阿育王。

名人来了

特约嘉宾
阿基米德
（简称"阿"）

越越
（简称"越"）

嘉宾简介：叙拉古（古希腊城邦）伟大的哲学家、科学家、数学家、物理学家、力学家，学识渊博，是"理论与实验的天才结合者"，更是无数人心目中的楷模。

越：先生您好，没想到您有这么多头衔啊，真是个全才！

阿：（摆手）这些头衔只是大家给我的虚名，不重要，不重要！

越：您真谦虚。可我怎么听说，您这人很狂妄，曾经在国王面前夸下海口，说给您一个支点，您可以撬动地球？

阿：这不是狂妄，根据杠杆原理，这个是可以做到的，前提是要找到那个支点。

越：那估计没人找得到，国王也不会信了。

阿：光耍嘴皮陛下当然不信。我动手给他做了个实验。当时陛下给埃及造了一艘船。船只太大，全城的人都没能把船推下水。我就利用杠杆原理，做了一套机械，陛下只拉动一根绳子，就把大船弄到海里去了。

越：这么神奇？怪不得国王对您佩服得五体投地，还说无论您说什么，都要大家相信您呢！

阿：这就是实验的魅力。我很喜欢做实验。理论与实验相结合，说服国王很轻松。

越：我听说您因为做实验，常常忘记吃饭、睡觉，有次洗完澡连衣服都忘记穿就跑到大街上了？

阿：（不好意思）这事别提了，怪我当时太高兴，就忘乎所以了。

越：什么事把您高兴成这样？

阿：说来话长，前段时间，国王叫人给他打造一顶金皇冠，给了工匠不少黄金。那工匠手艺高明，做出的皇冠跟国

名人来了

王给的黄金一样重。

越：那不是挺好吗？

阿：可是，有人跟国王举报，说那工匠贪污了一些黄金，掺了同样重的银子进去。国王就让我给他测一下，看看金皇冠里有没有掺银子，工匠是不是贪污黄金了。

越：这应该难不倒您吧，您这么聪明。

阿：哪里，我想了很久，想得饭都吃不下，觉也睡不好呢。

越：（做了个鬼脸）我作业做不出来时，也这样。

阿：妻子见我身上太脏了，就逼我去洗澡。结果我在洗澡的时候发现，我的身体入水越多，溢出来的水就越多。

越：这个很正常啊，大家洗澡时都这样。

阿：嘿嘿，可是我从中找到了解决皇冠这事的办法。我一高兴，急着去告诉陛下，所以衣服都忘了穿就从家里跑了出来。

越：哦，什么办法？

阿：我把皇冠和与皇冠一样重的金子、银子分别放入水盆中，结果，金块排出的水量比银块排出的水量少，而皇冠排出的水量比金块排出的水量多。

越：这个就能证明皇冠里掺了银子吗？

阿：当然。把同样重的木头和同样重的铁放入水中，木头排出的水，就会比铁排出的水要多，因为木头的体积比铁大。同样重的金块和银块，银块的体积要大于金块的体积，所以，金块排出的水量就会比银块的水量少。皇冠排出的水量比金块多，那就证明皇冠不是纯金制造的，那个工匠确实私吞了黄金。

越：天哪，您真是太厉害了！原来浮力定律是这么来的。

阿：对，这个是浮力起的作用。——哎，你怎么知道这是浮力定律？

越：……我瞎猜的。哎，好了，今天的采访就到这里，期待您的新发明。

广告贴吧

诚招希腊语老师

小女非常喜爱古希腊文化,因语言不通,自学困难,现需招一名希腊语老师陪读。要求:女性,同时会希腊语和拉丁语,有一定的古希腊文化底蕴。有意者请与本府管家联系。

德格府

欢迎购买《数沙者》

你可以算出海滩上有多少粒沙子吗?当代最伟大的数学家阿基米德的新作《数沙者》竟然给出了一种计算地球上所有海滩的沙粒数目的方法。想知道是什么样的方法吗?快把这本书带回家吧!

奥古书店

印塞罢兵协议

为促进孔雀帝国和马其顿帝国的友好交往,现尊敬的印度国王和塞琉古国王共同决定,从此罢兵言和,互不侵犯。

马其顿将印度地区让予孔雀帝国,并将一位公主嫁给旃陀罗笈多。作为回报,孔雀帝国将赠予塞琉古战象500头。

智者为王

智者为王第 4 关

1. 腓力二世从小被送到哪里当人质？
2. 一直反对腓力二世的演说家是谁？
3. 亚历山大的老师是谁？
4. 亚历山大的爱马叫什么名字？
5. 亚历山大是哪一年开始东征的？
6. 亚历山大把财富都分给别人，他留给自己的是什么？
7. 亚历山大的军队最远到达哪里？
8. 亚历山大帝国的首都定在哪里？
9. 亚历山大帝国的版图横跨哪几大洲？
10. 亚历山大去世后，帝国分裂为哪三个王朝？
11. 阿基米德从洗澡中发现了什么原理？
12. 最先入侵印度的是哪个帝国？
13. 哪个王朝统一了印度河流域和恒河流域？
14. 谁把佛教定为了印度国教？
15. 《摩诃婆罗多》史诗说的是哪个王国发生的故事？

智者无敌　王者为大

智者为王答案

第❶关答案

1. 米诺斯王宫
2. 迈锡尼人
3. 木马计；奥德修斯
4. 海伦
5. 宙斯
6. 猫头鹰
7. 雅典娜；象征智慧
8. 就会把这个孩子扔到山里，任其自生自灭
9. 学校（军营）
10. 《伊利亚特》和《奥德赛》
11. 公元前776年；四年
12. 短跑、长跑、跳远、摔跤、拳击等
13. 由橄榄枝编成的桂冠
14. 不可以，违者会被处死
15. 米隆

第❷关答案

1. 只有死刑
2. 解负令
3. 克利斯提尼
4. 6000票
5. 《伊索寓言》
6. 米利部
7. 水和土；把使者丢进了深井
8. 米太亚德
9. 费迪皮迪兹；42.195公里
10. 斯巴达认为在不是满月的时候出兵，会面临厄运
11. 温泉关
12. 木壁
13. 特米斯托克利
14. 希腊
15. 波斯

第❸关答案

1. 伯利克里时代
2. 雅典娜神庙
3. 菲迪亚斯
4. 多利克式
5. 16年
6. 伯利克里
7. 酒神节
8. 埃斯库罗斯;《被缚的普罗米修斯》
9. 女人、未成年人以及外邦人
10. 《掷铁饼者》
11. 修昔底德
12. 反问
13. 《理想国》
14. 亚里士多德
15. 希罗多德;《历史》

第❹关答案

1. 底比斯
2. 狄摩西尼
3. 亚里士多德
4. 布西法尔
5. 公元前334年
6. 希望
7. 印度
8. 巴比伦
9. 欧、亚、非
10. 托勒密王朝,塞琉古王朝,安提柯王朝
11. 浮力原理
12. 波斯
13. 孔雀王朝
14. 阿育王
15. 俱卢

世界历史大事年表

时　间	世界大事记
公元前2500年左右	爱琴海出现克里特文明
公元前1600年左右	迈锡尼人入侵克里特岛
公元前1193年左右	特洛伊战争爆发
公元前1100年左右	斯巴达城邦建立
公元前776年	第一次古代奥林匹克运动会举行
公元前594年	梭伦改革
约公元前509年	克利斯提尼改革，第一次实行"陶片放逐法"
公元前492年—前449年	希波战争
公元前431年—前404年	伯罗奔尼撒战争
公元前399年	苏格拉底被判死刑
公元前336年	马其顿亚历山大继位
公元前334年	亚历山大开始东征
公元前332年	马其顿灭亡埃及
公元前330年	马其顿灭亡波斯
公元前325年	建立亚历山大帝国，定都巴比伦
公元前323年	亚历山大去世，帝国瓦解
公元前305年	埃及托勒密王朝建立
公元前3世纪	阿育王统一印度大部分地区